U0695877

普通中文图书的编目技巧及实战案例

卢炎香◎著

GMSKWK

光明社科文库 GUANG MING SHE KE WEN KU

光明日报出版社

图书在版编目（CIP）数据

普通中文图书的编目技巧及实战案例 / 卢炎香著.
－－北京：光明日报出版社，2018.8（2022.9 重印）
ISBN 978 - 7 - 5194 - 4523 - 2

Ⅰ.①普… Ⅱ.①卢… Ⅲ.①中文图书—图书编目
Ⅳ.①G254.3

中国版本图书馆 CIP 数据核字（2018）第 190355 号

普通中文图书的编目技巧及实战案例
PUTONG ZHONGWEN TUSHU DE BIANMU JIQIAO JI SHIZHAN ANLI

著　　者：卢炎香

责任编辑：宋　悦　　　　　　　　责任校对：赵鸣鸣
封面设计：中联学林　　　　　　　责任印制：曹　净

出版发行：光明日报出版社
地　　址：北京市西城区永安路 106 号，100050
电　　话：010 - 67078251（咨询），63131930（邮购）
传　　真：010 - 67078227，67078255
网　　址：http://book.gmw.cn
E - mail：gmrbcbs@gmw.cn
法律顾问：北京市兰台律师事务所龚柳方律师

印　　刷：三河市华东印刷有限公司
装　　订：三河市华东印刷有限公司
本书如有破损、缺页、装订错误，请与本社联系调换

开　　本：170mm×240mm
字　　数：205 千字　　　　　　　印　张：13
版　　次：2018 年 8 月第 1 版　　印　次：2022 年 9 月第 2 次印刷
书　　号：ISBN 978 - 7 - 5194 - 4523 - 2
定　　价：75.00 元

前　言

近十年,信息资源剧增,信息技术和网络技术日新月异,文献信息编目也随之发展变化,信息组织的内容更加丰富,编目规则不断更新,RDA 已得到广泛应用,取代了 AACR2,《中国图书馆分类法》已更新到第五版。编目工作的自动化、网络化、多元化和共享化,要求编目工作人员既要掌握文献信息组织的理论,又能熟练运用,规范地编制书目数据,并能解决工作中遇到的疑难问题。

本书介绍了普通中文图书编目的基础知识,详细解读了 CNMARC 字段,并配以大量实战案例,总结了多年的编目工作经验,理论与实践相结合,为编目工作人员提高技能提供参考。

全书共分为四部分:

第一编　普通中文图书编目的基础知识。介绍普通中文图书编目的基本概念、著录原则、ISBD、RDA、MARC。

第二编　CNMARC 字段详解及实战案例。以实用为出发点,从 0XX 标识块到 9XX 国内使用块顺序、全面地介绍和分析 CNMARC 的字段、指示符、子字段。

第三编　汇文图书馆集成管理系统中编目模块的操作。以国产同类软件中用户较多的图书馆管理系统——江苏汇文系统为例,介绍编目系统的操作方法和流程。

第四编　书次号的编制及全国两大联合编目中心 CNMARC 著录比较。介绍在我国使用最普遍的两种同类书书次号的编制,种次号和著者号。比较全国图书馆联合编目中心和中国高等教育文献资源保障体系(CALIS)联机合作编目中心 CNMARC 著录的差异。

限于知识水平、实践经验和时间,本书难免有疏漏或不当之处,敬请读者批评指正,以不断改进提高。

目　录
CONTENTS

第一章

普通中文图书编目的基础知识

一、基本概念

版本说明(Edition statement)：表示一种出版物属于某一版本的一个单词、短语或一组字符。

编号(Numbering)：一个出版物每一连续部分的识别标识。可以是数字、字母、任何其他符号或它们的组合形式。它带有或不带有相关联的词(卷、期、等)和/或年代标识。

并列题名(Parallel title)：另一种语言和/或字体的正题名；或者相当于正题名的另一种语言和/或字体的题名。

层次等级(Hierarchical level)：作为书目记录描述对象的各种文献,相互独立,没有直接关系。但有的文献实体之间,客观上存在着层次关系,如：全集与单卷、丛编与附属丛编或其中的单册等。层次等级代码提示文献书目记录之间的这种关系,它标识文献实体在一个预先确定的层次等级结构中所处的位置。书目记录的层次等级代码值,据200字段著录的文献实体在层次等级关系中所处位置设定。层次等级仅仅在整体及其各独立部分均已生成书目记录的情况下才可使用。

插图(Illustration)：出版物内出现的图表、图画或其它图示材料。

次要书目实体(Secondary bibliographic entity)：与主要书目实体有关的文献,如一个特定卷向上连接的丛书或向下连接的单册分析。

丛编(Series)：一组相互关联的单独出版物。各出版物除了有各自的正题名外,还有一个适用于整组出版物的总题名,即丛编正题名。丛编中的单独出版物可以编号,也可以不编号。

丛编说明(Series statement):识别一种丛编的各个其本著录单元,包括丛编中单独出版物的编号,以及关于某一部出版物是一部多卷出版物组成部分的说明。

(著录)单元(Element):反映书目信息的一个特定单位,是构成一个书目著录项目组成部分的一个单词或短语、或一组字符(又称为小项)。

定长子字段(Fixed length subfield):指在任何情况下长度不变的子字段。字长子字段可以包含一个或多个数据元素,它可能是定长数据字段的子字段,也可能是可变长字段的子字段。

多层次著录(Multi－level description):书目著录的一种方法,它把所描述的信息分为两个或更多的层次。第一个层次包括整个(或主体)出版物所共有的信息。第二个层次及其后续层次包括有关个别卷或其它组成单位的信息。

多卷出版物(Multi－part publication):在形态上分为有限的若干部分,意在作为一个整体出版、或已经作为一个整体出版的专著出版物(而不是因出版或印刷需要暂时分为若干分册的出版物)。各个部分可以有各自的题名与责任说明。

分丛编(Sub－series):主丛编的组成部分。它可以有、也可没有附属于主丛编的题名。

分丛编标识(Sub－series designation):主丛编题名之后的编码,可以单独使用,也可以与分丛编题名结合使用。

分辑题名(Section title):一个分辑的专有题名,用于识别一组具有共同题名的本关书目资源中的一个组成部分。无论分辑题名是否具有独立的可识别性,它们均属于共同题名,用以识别一种书目资源。

封面题名(Cover title):出现在出版物封面上的题名。

附加版本说明(Added edition statement):与一个已命名版本的特定期册有关的版本说明;或者,在版本说明中命名的版本的交替标识。

附加题名页题名(Added title－page title):通常出版在正题名页前面或后面的一页,记载文献的丛编名或与题名页题名相对应的另一种语言文字的题名。

附件(Accompanying material):被著录出版物的主体部分所附带的任何一种旨在与主体部分一起使用的材料。

附件说明(Accompanying material statement):附件的简要著录。

附属题名(Dependent title):一个题名它自身不足以识别一种出版物时,需要加上共同题名,或者主体出版物题名、主丛编题名,例如,分辑题名、补编题名和分丛编题名等,都属于附属题名。

共同题名(Common title):一组相关出版物的各分辑(卷、册)所共有的相同题名,与分辑题名一起构成分辑的正题名。

规定标识符(Prescribed punctuation):由书目机构提供的标识符,冠于每一著录单元(第一项第一单元除外)或项目的信息之前(称为前置标识符),或将它们置于括号内。(在 CNMARC 格式中,某些著录用规定标识符不用输入,由计算机自动生成。)

规定信息源(Prescribed source of information):著录时,每一著录单元或项目内信息取自的某一种或多种来源。

记录头标(Leader):简称头标。位于记录的开端,固定长度为 24 位字符(00 - 23),其数据元素由一系列按字符位置定义的数字代码和字母代码组成,提供本记录的有关参数。

检索点(Access point):用以检索和获取书目记录的名称、术语和代码等。通常包括文献的责任者、题名、主题词以及标准号、分类号/索书号、记录控制号等。

交替题名(Alternative title):正题名由两个部分组成,每一个部分都有一个题名形式,两个部分之间 用"或"、"又名"等词相连接,第二部分则称为交替题名。

卷端题名(Caption title):又称文首题名,出版物正文第一页开端的题名,一般印在每页上端或章节前面。

可变长字段(Variable field):长度不定的字段,可包含一个或多个数据元素或子字段。字段的长度按字符数计算,总长度为字段指示符、子字段标识符、字段分隔符以及文字数据所占的字符数的总和。

可变长控制字段(Variable control field):CNMARC 记录中的 00X 字段为可变长控制字段。可变长控制字段无字段指示符和子字段代码,多数可变长控制字段由固定字符位的定长数据元素组成。

可变长数据字段(Variable data field):CNMARC 记录中的 01X - 9XX 字段。可变长数据字段由指示符、子字段代码和长度不固定的子字段数据元素组成。

目次区(Directory):由一系列固定长数据款目组成,每个数据款目包含相应字段的字段标识符、字段长度和字段起始字符位置。

内容标识符(Content designator):用以识别 MARC 记录的数据元素,或提供有关数据元素附加信息的编码。内容标识符包括字段标识符、指示符和子字段标识符。

其他题名信息(Other title information):与出版物正题名相连,并从属于正题名的一个单词或短误,或一组字符。也可以与其他一些题名相连并从属于这些题名。它一般是对其关联的题名进行限定、解释或补充。该术语包含了副题名和题上信息,但不包含不在题名页上出现的变异题名(例如,书脊题名)。

书脊题名(Spine title):文献书脊上的题名。

书目著录(Bibliographic description):用于记录与识别一种出版物的一组书目数据。

书目记录(Bibliographic record):书目控制最普遍的手段是目录文件或目录单。书目索引和目录是书目记录最常见的类型。

数据元素(Data element):MARC 记录中被明确标识的最小信息单元。在可变长字段内,数据元素由子字段标识符标识组成子字段;在头标、目次区和定长字段内,数据元素是按字符位置定义的数字或字母代码。

特定资料标识(Specific material designation):表示出版物属于某种资料类别的术语。

题名(Title):用于命名出版物或其所含作品(或一组个别作品中的一部)的一个单词、短语或一组字符,通常出现在出版物上。一部出版物常常具有几个题名(如,在题名页上的、在封面上的或在书脊上的),它们可能相同,也可能不同。

题名页(Title‐page):一般是出版物开头的一页,反映有关该出版物和它所包含的最详尽的信息。通常有最完整的题名、责任说明和整体或部分的出版事项等。如果通常在题名页(一面)上出现的信息被划分到相面对的两页上,而又不重复,则该两页均被认为是题名页。

填充符(Fill character):用于标识没有确切数据值的特定字符位置的字符,而这个字符位置是必用的。

统一题名(Uniform title):为了在目录中识别某一种著作而在编目时选定的题名,具有把同一著作集中起来,不同著作区分开来的作用。

图版(Plate):同出版物正文分开编码的整版插图,可有说明文字或无说明文字;图版既非序页序列的组成部分,亦非主体页序列的组成部分。

文献(Item):记录有知识信息的一切载体,包含纸质的图书、报刊等出版物和非纸质的录音资料、影像资料、缩微资料、计算机文档等,形成单一的书目著录的根据。

(著录)项目、项(Area):书目著录的主要组成部分,包含某一特定范畴或一组范畴的数据(又称为大项)。

学位论文(Dissertation):表明作者从事科学研究取得创造性成果,并以此为内容撰写而成,作为申请授予相应学位评审用的学术论文。

页(Page):双面编码印刷的出版物中一张纸的一面。

叶(Leaf):单张或对开纸或羊皮纸折叠成图书、小册子、杂志等一部分的许多单位之一;每叶分正反面两页,单面编码,其中一页或两页都可以是空白。

一般资料标识(General material designation):概括地表示出版物所属资料类别的术语。

源格式(Source format):转换成本格式前的机器可读记录的数据格式。

责任说明(Statement of responsibility):对文献的知识内容或艺术内容负有责任的个人、团体及其责任方式的表述。它反映与出版物的著作内容有关的各类责任者的情况。

正题名(Title proper):出版物的主要题名,即在题名页上出现的题名。正题名包括交替题名,但不包括并列题名和其他题名信息。题名页上包含若干个别作品的出版物,若有总题名,则以总题名作正题名;若无总题名,则视为没有正题名。某些正题名由复合题名构成,称为共同题名和附属题名。

指示符(Indicator):字段中头两个字符位的值。提供字段内容、字段之间的相互关系以及数据处理过程中所需操作的附加信息。每个指示符的值都有其独立的含义。字段指示符的值一般为数字或空位。

逐页题名(Running title):出现在文献各页的顶端或底部,或直接在文献中缝的题名或缩写题名。

主丛编(Main series):包含一个或多个分丛编的编号丛编。

主题标引(Subject indexing):根据文献具有检索意义的内容和其它特征,赋予相应语词标识的过程,称为主题标引。其目的是建立主题检索系统。以主题标引为基础检索是用户查找、检索文献的重要入口。

主要标目(Main heading):含有副标目的标目的第一部分。

主要书目实体(Primary bibliographic entity):200 字段所描述的文献实体。

著录(Description):编制文献目录时,按照一定的规则对文献的形式特征和内容特征进行分析、选择和记录的方法和过程。

专著出版物(Monographic Publication):以一个部分出全的、或分为有限的若干部分出全的、或计划出全的出版物。

子字段(Subfield):字段内明确定义的最小数据单元。

子字段标识符(Subfield identifier):由两个字符组成,用以识别可变长字段中的不同子字段。第 1 个字符为 ISO 2709 规定的专用符号,标识为 IS1(ISO646 的 1/15),第 2 个字符为字母或数字。

字段(Field):由字段标识符标识的被定义的字符串。在 CNMARC 格式中,除了 00X 字段,其它字段均包含一个或一个以上子字段。其长度包括字段指示符,子字段标识符,数据元素和字段分隔符。

字段标识符(Tag):用于标识字段的一组符号,由 3 位数字字符组成,贮存在目次区款目中。

字段分隔符(Field separator):在每个可变长字段结束处采用的终止标识,用以区分不同的字段。字段分隔符也用于目次区结束处,它的标记为 IS2(ISO646 的 1/14)。

字符集(Character set):书目记录所需的常用字母、符号、发音符等字符及其录入、存储、显示方法的规定。常用的字符集有:ASCII、GBK、UNICODE 等。

ISBD 数据元素(ISBD data element):由国际标准书目著录(ISBD)规定的著录数据元素,例如个人名称、题名等数据元素。MARC 记录中的数据元素除了 ISBD 数据元素,还包含格式定义的或一些权威机构定义的数据元素,例如图表代码、地理区域代码和机构代码等数据元素。

MARC 记录(MARC Record):即机读目录,是英文 Machine Readable Catalogue 的首字母缩写,简称记录。MARC 记录是书目数据库里的一个信息单元。每条记录由头标、目次区和若干个字段构成。

普通图书(monographs):主要指 48 页以上构成一个书目单元的,并以印刷方式刊行的出版物,它包括专著本、汇编本、多卷书、丛书、教科书以及各种工具书等,不包括非现代装帧形式的古籍、连续出版物以及各种非书资料,西方又称为专著(monographic publications)。

普通图书的结构:

外表部分——护封、封面、封里、封底、书脊、切口、飘口、勒口。

前置部分——文前栏目、书名页、版权页、扉页、序、凡例、内容提要、目次。

正文部分——正文、注释、注解、图、表。

后附部分——附录、后记。

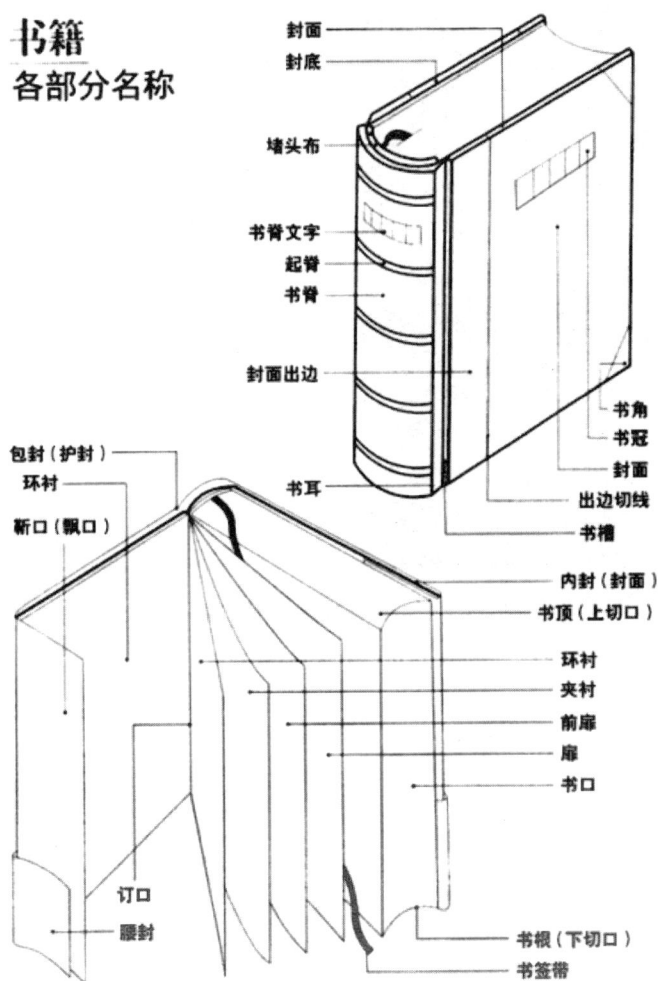

书籍 各部分名称

7

书名页:也称标题页、主书名页,指图书正文前载有完整书名等信息的书页,集中反映了图书的基本特征(特别是形态特征),是读者识别与确认图书的重要依据。

版权页:是指图书中载有版权说明内容的书页。在国家标准中,它实际上是图书书名页中的主书名页背面。

图书在版编目(CIP)数据

文献分类学/俞君立,陈树年主编.—武汉:武汉大学出版社,
2001.10
高等学校图书馆学核心课教材
ISBN 978-7-307-03424-2

Ⅰ.文… Ⅱ.①俞… ②陈… Ⅲ.文献—分类法—概论
Ⅳ.G254.1

中国版本图书馆 CIP 数据核字(2001)第 069394 号

责任编辑:严 红   责任校对:叶 效   版式设计:支 笛

出版发行:武汉大学出版社   (430072 武昌 珞珈山)
　　　　 (电子邮件:wdp4@whu.edu.cn 网址:www.wdp.com.cn)
印刷:湖北省荆州市今印印务有限公司
开本:880×1230 1/32   印张:12.625 字数:334千字 插页:2
版次:2001 年 10 月第 1 版   2007 年 1 月第 5 次印刷
ISBN 978-7-307-03424-2/G·556   定价:18.00 元

　　编目:按照一定的标准和规则,对某范围内文献信息资源每种实体(Item)的外部特征和内容特征进行分析、选择、描述,并予以记录成为款目,继而将款目按一定顺序组织成为目录(Catalogue)或书目(Bibliography)的过程。

二、ISBD 简介

图书馆图书编目简言之就是对图书进行分类、编制目录。建立馆藏目录体系的过程。中文普通图书著录依据的规则有：

《国际标准书目著录》(ISBD)

《普通图书著录规则》GB/T 3792.6 – 2009

《中国文献编目规则》

《中国机读目录格式使用手册》

《中国图书馆图书分类法》

《中国分类主题词表》、《汉语主题词表》等。

ISBD 的全称是 International Standard Bibliographic Description，《国际标准书目著录》，它是国际图联 IFLA（国际图书馆协会联合会，简称"国际图联"，International Federation of Library Associations and Institutions——IFLA）根据 1969 年国际编目专家会议的建议而制定的一套供各类信息资源著录的国际标准。它针对不同的文献类型，分为十种，第一个出现的是 ISBD（M）– International Standard Bibliographic Description for Monographic Publications（2002 Revision），简称 ISBD（M），普通图书国际标准书目著录（1971 年）。到 1973 年，ISBD（M）已经被一些国家书目所采纳，被翻译成其他文字，并被一些国家的编目委员会用于起草自己的编目规则。

《国际标准书目著录》最初包括《国际标准书目著录（总则）》(ISBD（G)）、《国际标准书目著录（连续出版物）》(ISBD（S)）、《国际标准书目著录（地图资料）》(ISBD（CM)）、《国际标准书目著录（非书资料）》(ISBD（NBM)）、《国际标准书目著录（印本乐谱）》(ISBD（PM)）、《国际标准书目著录（古籍）》(ISBD（A)）、《国际标准书目著录（析出文献）》(ISBD（CP)）以及《国际标准书目著录（计算机文件）》(ISBD（CF)）。经过多年的研究、修订和征求意见，国际图联于 2007 年发布了 ISBD 统一版预备版（Preminary consolidated edition），2011 年以后统一成一个文本，即 ISBD 统一版（Consolidated edition）。

ISBD2011 版规定了图书馆馆藏出版资源的著录和标识要求，希望负责编目规则的国家级或国际性机构将它作为本机构著录规则的基础，用以描述每种资源的内容、载体和发行方式。

ISBD2011 版的总体目标是作为全世界编目领域兼容的描述性编目规则,以促进国家书目机构之间及全世界图书情报界实现书目记录的国际交换。其具体目的有四个:

使不同来源的书目记录具有互换性;

使不同文种的书目记录易于理解;

使书目记录易于转换成电子形式;

促进书目数据在语义网环境下的可移植性以及 ISBD 与其他内容标准之间的可互操作性。

ISBD2011 版在"概述"中提出了应用该规则的具体规定:

(1)描述著录规则。ISBD 所提供的规则,包括:书目著录中最重要的著录单元,用于覆盖一系列不同书目资源的著录信息;但不包括检索点及其参照与馆藏信息。因此,ISBD 的著录信息仅为完整书目记录的一个组成部分,一般不能独立使用。

(2)书目著录的对象。ISBD 用于著录在知识内容和物理格式方面具有同样特征的资源集合(即版本),一个 ISBD 记录描述一份完整的出版资源。出版资源包括印刷文字资源、地图资源、乐谱资源、录音资料、视觉资源、电子资源、多媒体资源、复制品等,它们可以出版为单部分(单行资源)或多部分(多部分资源),可以有时限的、计划有时限的或长期出版,也可以一次或连续发行。

(3)著录单元及其标识符。ISBD2011 版提供 9 个著录项目,每个著录项目下再分若干个著录单元,每个著录单元都采用规定标识符号。在著录单元中,有一小部分是必备的,其余的则仅在信息可获得时才需著录。国家书目机构和联合编目机构编制的书目记录,应尽量包含 ISBD 所有的著录单元。

(4)著录信息源。描述资源特征时,必须考虑著录信息源。对于所有类型的资源而言,其整个资源构成著录的基础。信息源包括首选信息源和规定信息源,著录不同类型的资源时,必须考虑其信息源的不同特点。

(5)其他。应用 ISBD2011 版描述资源时,还须注意著录的语言和文字、节略和缩略、大写及符号等方面的规定。

其结构是从第 0 项到第 8 项共分为 9 章,即:

0 内容形式和媒介类型项,

1 题名和责任说明项

2 版本项

3 资料或资源类型特殊项

4 出版、制作、发行等项

5 载体形态项

6 丛编和多部分单行资源项

7 附注项

8 资源标识号和获得方式项

每一章都包括了引言、目次、规定标识符、规定信息源及各著录单元的著录细则等内容,全面地阐述了各种资源的描述著录规则。在组织各个项目的著录规则时,先列举所有类型资源著录的一般条款,再列举特殊资源类型著录所要求的特定条款或是与一般规则不同的例外条款,以便充分揭示不同类型资源著录的共性与差异。

ISBD2011 统一版的新变化:

(1)第 0 项首次全新登场。ISBD2011 版新增了第 0 项"内容形式和媒介类型项",废除了此前所有 ISBD 版本第 1 项"题名与责任说明项"中的"一般资料标识"(General material designation,GMD)著录单元,也删去了 2007 版正文中有关 GMD 的内容及附录中的"C 推荐的一般资料标识和特定资料标识"。

(2)"内容形式和媒介类型项"在著录位置、著录内容与形式上都不同于原有的 GMD。作为第 0 项,它著录在书目记录的首要位置。其内容包括内容形式(Content form)和媒介类型(Media type)两个著录单元,均为必备著录单元。"内容形式"著录单元反映资源内容表示的基本形式。著录时,可选用该单元列表中的一个或多个术语,如数据集(dataset)、图像(image)等;或者用编目机构所选语言和文字的等同术语。"内容形式"还可以通过一个或多个"内容限定"(Content qualification)子类来扩充,如要限定图像内容的形式,可用术语"运动"(moving)或"静止"(still)来说明图像内容中是否设置第 0 项"内容形式和媒介类型项"的目的,是要在著录的最开始表示资源内容表现的基本形式以及用以承载该内容的载体类型,以帮助目录使用者识别和选择适合他们需要的资源。

(3)ISBD2011 版与前版相比较,其著录单元的必备状态类型由 3 种简化为 2 种。即由:M = 必备、C = 条件、O = 可选;改为 2 种,即:M 和 MA:"对于任何 ISBD 著录都是必备的著录单元在必备状态栏用'M'表示,对于如果信息可获得或对资源适用则必备的著录单元在必备状态栏用'MA'表示。"

(4)第 5、6 项的名称被更改

第 5 项更名。ISBD 的第 5 项"载体形态项"是进一步支持资源识别的项目,它通过记录资料数量、其他物理细节、尺寸和附件说明来实现其功能。在 IS-BD2011 版中,载体形态项的英文名称由原来的 Physical description area,改为 Material description area。这使该项对各种载体的资源更具包容性,也增强了印刷型资源与其他类型资源(如多媒体资源、音像资料)著录的协调性。

第 6 项名称被扩充。ISBD 的第 6 项是在丛编或多部分单行资源分散著录时使用的项目,揭示整套丛编或多部分单行资源的特征。长期以来,它一直都包括有丛编和多部分单行资源的正题名、并列题名、其他题名信息、相关的责任说明、国际标准号以及内部编号等著录内容。在 ISBD2011 版中,其名称由原来的"丛编项"扩展为:"丛编和多部分单行资源项"。这使多部分单行资源的著录规则更为突出。

三、普通中文图书著录原则

(一)关于著录信息源

普通图书著录的主要信息源为题名页,各著录项目的规定信息源如下表所示。取自规定信息源以外的著录信息可置于[ ]内,并在 3XX 字段加以说明。

著录项目	规定信息源
题名与责任说明项	题名页
版本项	版权页或题名页、封面、出版说明等处
出版、发行项	版权页或题名页、封面、出版说明等处
载体形态项	整部图书及附件
丛编项	丛编/专著题名页、封面、封底、其他
附注项	任何信息源
标准号与获得方式项	任何信息源

（二）关于著录用文字

题名与责任说明项、版本项、文献特殊细节项、出版发行项和丛编项一般按所著录文献本身的文字（数字除外）著录，无法按文献本身文字著录的图形及符号等，可改用相应内容的其他形式著录，并用方括号"[ ]"括起。如转录的文字出现谬误，应如实著录，同时在附注项说明；如果题名、丛编名出现谬误，除照录外，还须提供正确的题名检索点。

载体形态项、附注项、标准编号与获得方式项，除文献原题名、引用部分及识别题名外，一般用规范化的汉字（汉字古籍可用繁体字）著录。

（三）关于书目数据录入原则

除必须用全角状态输入的字符外，基本上用半角状态录入数据。

凡同时在拉丁字符集与汉字字符集中出现的字符（如阿拉伯数字、罗马数字、某些标点符号），采用拉丁字符集（西文状态）输入，包括著录结构中应有的空位。

须用全角状态（或汉字字符集）输入的标点符号（不是著录用的标识符）有：顿号（、）、中圆点（·）、中文句号（。）、书名号（《 》）、引号（""）。

汉字字符集中的缺字，按汉语拼音方案罗马化，并在附注项描述字形。如果缺字位于需如实转录的著录项目，应将其用方括号"[ ]"括起。

四、RDA 简介

《资源描述与检索》（以下简称《RDA》）自 2000 年出现并逐渐被介绍引进国内以来，越来越多的编目员通过参加问卷调查、编目培训、编目研讨会以及阅读文献等各种途径逐渐认识到这一变化。

（一）关于主要信息源

主要信息源是文献著录时据以优先选取著录项目内容的来源。在 CALIS 规则中主要信息源是一个非常重要的概念，传统资源中的图书与连续出版物的主要信息源都是题名页，无题名页的则要选择一个代题名页，并在附注项说明。强调主要信息源的理由是为了方便书目数据的国际共享，避免著录结果的差异。

在 RDA 中，信息源的内容依然是一个重要部分。RDA 启用"首选信息源"概念取代了"主要信息源"的概念，并按照著录的类型与资源的呈现格式来规定具体的首选信息源。RDA 为我们展示的不仅仅是概念名称的简单改变,同时重要的是将题名与责任说明等重要著录项目的信息源范围也扩大为整个资源本身,甚至还包括作为资源构成一部分的附件、包装等部分。例如,当用综合著录对资源整体进行描述时,将附件作为资源本身的一部分处理,当对资源的一个或多个组成部分进行分析著录时,将附件作为资源本身之外的来源(即相关资源)处理(RDA2.2.2.1)。RDA 以"首选信息源"代替"主要信息源"的实质是扩大了信息源范围,进而在主要著录项目中为读者呈现更为详细的信息内容。

(二)关于转录

RDA 转录的一般性规则,规定了按照信息源上所见形式转录时,应用所列的关于大小写、标点符号、标志、缩写等的一般性规则,同时还提供了一个交替规则,即,创建数据的机构也可以使用自身已经制定好的关于大小写、标点符号、标志、缩写等的本地规则(RDA1.7.1)。RDA 出于国际化的考虑,规定特定元素按获取数据的信息源上出现的语言和文字转录,但是,如果不能用其信息源上的文字进行著录,则允许用音译形式著录数据,也可在原始文字形式之外附加音译形式著录数据(RDA0.11.2)

(三)关于题名著录

无总题名图书的多部作品超过三个的,RDA 规定,当对缺少总题名的资源进行综合著录时,将各部分作品的正题名按其在资源整体的信息源上出现的形式予以记录;如果将识别个别作品的信息源作为资源整体的共同信息源,则将各部分作品的正题名依它们在资源上显示的次序予以记录(RDA2.3.2.9)。RDA 没有规定数量,可一一著录。对于信息源有总题名又有单独作品题名的,RDA 规定,如果资源正题名的信息源同时载有总题名和资源内单独内容的题名,则在对其进行综合著录时将总题名作为正题名予以著录;另外也可选择将单独内容的题名作为相关作品的题名予以著录(RDA2.3.2.6)。

对于并列题名的著录,RDA 把原来的"并列题名"改为"并列正题名",明确规定其信息源为资源内的任何来源(RDA2.3.3.2)。RDA 把并列正题名的信息源出处扩大到整个资源。

(四)关于责任说明著录

对于同一责任方式有多个责任者的情况,在 RDA 条款中,把列出多个个人等名称的责任说明作为单一的说明予以著录,随后提供了 4 个责任者——列举的例子(例:L. H. Booth,P. Fisher,V. Heppelthwaite,and C. T. Eason)。在此,RDA 又提供了"可选择的省略",即,如果单一的责任说明列出 3 个以上的责任者,省略第 1 个之外的其他名称,并且在举例当中显示了要著录省略责任者的数量(例:Roger Colboume[and six others])(RDA2. 4. 1. 5)。也就是说,RDA 既可以著录第一个责任者,概括说明省略部分,也可以一一著录所有责任者。

(五)关于载体形态著录

对于图书未载明页码或多段编码时,RDA 认为,如果资源完全由未编号的页、叶、或栏组成,则尽可能记录确切的或估算的页、叶、或栏,并对以下不同情况辅以适当术语描述。第一,如果数量易于确定,著录确切的页、叶、或栏(例:93 unnumbered pages);第二,如果数量不易确定,著录估算的页、叶、或栏(例:approximately 600 pages);第三,著录为 1 volume(unpaged)(RDA3. 4. 5. 3)。由于已经有了 approximately 之类的文字,即便是估算出来的页码数字,也不用加方括号了。

五、MARC 简介

机读目录 MARC(Machine Readable Catalog)

. MARC

. LCMARC—USMARC—MARC21

. UNIMARC

. CNMARC

MARC 是 Machine Readable Catalog(ue)的缩写,意即"机器可读目录",即以代码形式和特定结构记录在计算机存储载体上的、用计算机识别与阅读的目录。MARC 可一次输入,多次使用,是信息技术发展和资源共享要求的产物。

MARC 数据最早产生于美国。1961 年,美国国会图书馆开始图书馆自动化的设想,随着计算机技术的进步,1963 年,美国国会图书馆组织了在内部工作中采用电子计算机技术的可行性调查,1966 年 1 月,产生了《标准机器能读目录款式的建议》,即 MARC - 1 格式,MARC 诞生于美国国会图书馆(Library of Congress),故称 LCMARC。1967 年提出 MARC - 2,它是目前使用的各种机读目录格式的母本。1969 年开始向全国发行 MARCII 格式书目磁带,并将 MARCII 格式称为 US -

MARC,即美国机器可读目录。作为一种计算机技术发展早期形成的数据格式,这一格式在定义时比较充分地照顾到图书馆书目数据在文献形式描述、内容描述、检索等方面的需要,表现为:字段数量多;著录详尽;可检索字段多;定长与不定长字段结合,灵活实用;保留主要款目及传统编目的特点;扩充修改功能强;并能在实践中不断发展完善。美国机读目录适合美国国情,英法等国家根据各自情况创建了自己的机读目录。1999 年秋天,加拿大国家图书馆与美国国会图书馆一起完成了对两国 MARC 格式的修改,两国颁布一个共同的 MARC 格式版本,取名为MARC21,现为美、英、法等许多国家所应用。

为了进一步协调、促进国际交流,统一各国机读目录格式,国际图书馆联合会(IFLA)于 1977 年在 USMARC 基础上主持研制了"国际机读目录通信格式 UNI-MARC",现在许多国家都采用 UNIMARC 进行文献编目。UNIMARC 实现了不同文种、不同载体的文献机读目录格式的一体化,为不同国家书目机构之间机读目录的交换创造了条件。

CNMARC 是中国机读目录(China Machine – Readable Catalogue)的缩写,是用于中国国家书目机构同其他国家书目机构以及中国国内图书馆与情报部门之间,以标准的计算机可读形式交换书目信息。中国机读目录研制于 20 世纪 70 年代。1979 年成立了全国信息与文献标准化技术委员会,成立北京地区机读目录研制小组;1982 年,中国标准总局公布了参照 ISO2709 制定的国家标准《文献目录信息交换用磁带格式》(GB2901 – 82),为中文 MARC 格式的标准化奠定了基础;1986 年UNIMARC 中译本面世。在此基础上,根据我国实际情况,编制《中国机读目录通讯格式》讨论稿,1992 年 2 月正式出版《中国机读目录通讯格式》,即 CN – MARC。CNMARC 格式为我国机读目录实现标准化、与国际接轨,从数据结构方面提供了保障。

MARC 是元数据(Metadata)的一种,这里所指的元数据是:

. 一种关于数据结构化的数据

. 是关于资源的信息

. 是一种编目信息

元数据利用了知识管理的方法组织资源的信息,使用元数据可以提高知识使用的效益,即提高信息被有效地检索和利用。采用何种格式来描述资源的信息,取决于馆藏的规模、馆藏结构和馆藏文献的特点等因素。

随着 CNMARC 格式的不断完善,其内容的描述越来越准确和完整。2004 年 3 月北京图书馆出版社出版了由国家图书馆编写的《新版中国机读目录格式使用手册》,2014 年 8 月国家图书馆出版社出版了《中文书目数据制作(全国图书馆联合编目中心使用手册第 1 辑)》,这两本书成为业内人士普遍遵循的文献编目准则。

MARC 记录建立的目的是为了全球共享,共享的前提是数据的可交换性,MARC 记录的交换格式是 ISO2709(GB 2901)。

记录头标	目次区	数据字段区	记录终止符

CNMARC 主要分为三个区:头标、目次、数据。

以下是一条完整书目记录的 ISO2709 格式,仅在数据交换时采用这种格式。

00783nam0 2200265 450 0010011000000005001700011010000320002809900210006010000410008110100080012210200150013010050018001451060000600163200007900169210002700248215005500275510003100330606004800361690001400409701002800423801002200451905002200473920001400495998000800509000082183420161029144100.0 a978 – 7 – 01 – 005124 – 6dCNY28.00 aCAL 012013013949 a20130124d2009 em y0chiy50 ea0 achi aCNb110000 aacfhz 000yy ar1 a 做最好的自己 Azuo zui hao de zi jid = Be your personal bestf 李开复著 zeng a 北京 c 人民出版社 d2009 a275 页,[2] 页图版 c 图(部分彩图),肖像,摹真 d24cm1 aBe your personal bestzeng0 a 成功心理学 Acheng gong xin li xuej 通俗读物 aB848.4v4 0a 李开复,ALikaifuf1961 – 0aCNbZSUc20130129 aJHUDdB848.4/1622 a242450z1 aZSU

(一)记录头标

记录头标,简称头标,位于每条记录的开头,固定长度为 24 个字符位(00 – 23),其数据元素由一系列按字符位定义的数字代码和字母代码组成,提供对记录进行处理的参数,必备,不可重复,没有字段号、指示符或子字段标识符。除 5 – 8 字符位需由编目员根据文献具体情况人工录入外,其他均由计算机系统自动生成。00783nam0 2200265 450

数据元素表

数据元素名称	字符数	字符位置	注释
记录长度	5	0-4	由计算机自动生成
记录状态	1	5	代码
执行代码	4	6-9	代码
指示符长度	1	10	由计算机自动生成
子字段标识符长度	1	11	由计算机自动生成
数据起始地址	5	12-16	由计算机自动生成
记录附加定义	3	17-19	代码
地址目次区结构	4	20-23	由计算机自动生成

需要选择的数据元素为:记录状态、执行代码、记录附加定义.

记录状态(5 字符位)

执行代码(6-9 字符位)包括:

记录类型(6 字符位)

书目级别(7 字符位)

层次等级代码(8 字符位)

9 字符位未定义,空位

记录附加定义(17-19 字符位)包括:

编目等级(17 字符位)

著录格式(18 字符位)

19 字符位未定义,空位

内容说明:

记录状态(5 字符位)

反映书目记录的维护状态,记录状态定义了5种代码:

n 新记录

表示进入书目文档后一直没有被修改过的记录。

c 修改过的记录

d 被删除的记录

o 曾发行较高层记录

p 曾为不完整的记录或出版前记录

注:CALIS 联合目录不启用代码 d 和 o。

记录类型(6 字符位)

反映记录类型,定义了 15 种代码。适合图书编目的代码 1 种:a 印刷型文字资料。

代码	定义	代码	定义
a	印刷型文字资料	j	音乐录音资料
b	文字资料手稿	k	二维图形
c	乐谱印刷品	l	计算机载体
d	乐谱手稿	m	多媒体
e	测绘资料印刷品	r	三维制品和教具
f	测绘资料手稿	u	拓片
g	放映和视频资料	v	善本书
i	非音乐录音资料		

书目级别(7 字符位)

说明书目级别,定义了 4 种代码。适合图书编目的代码有 2 种:m、s。

m 专著

一册或多册按一定计划出版的资料,在图书编目范畴,通常指单行本专著或多卷本专著(多卷书)。

s 连续出版物

以分册或卷期形式连续出版的资料,在图书编目范畴,通常指集中著录的丛书(编)、年鉴、工具书等。

a 分析级

编目实体包含在另一实体之中,如刊物中的一篇文章;刊物中的一个连续性栏目或专辑;会议文集中的一篇论文。

c 合集

汇集型书目实体,如盒装的册子汇集;同一作者的全部手稿等。

著录要点:

集中著录的多卷本专著的书目级别选用 m,而不是 s

分散著录的丛书的单册书目级别选用 m,而不是 s。

层次等级代码(8 字符位)

说明本记录以层次性的关系与其他记录连接以及它在层次等级中的相对位置。具有层次等级关系的相关记录应共存在同一个数据库中,定义了 4 种代码。

#层次等级关系未定

分散著录的丛书的单册,分散著录的多卷书用代码“#”。

0 无层次的记录

无等级关系的单册图书、集中著录的多卷书采用代码“0”。

1 最高层记录

2 低于最高层级的记录(所有低层记录)

著录要点:

如果字符位 5 记录状态选用的代码为“0”(有较高层次记录),层次等级代码应取“2”。代码“1”和“2”仅用于数据库里有其它层次的记录存在的情况下。

编目等级(17 字符位)

说明书目记录的书目信息或内容标识的完整程度。

#完全级

指最完整的 MARC 记录。编制记录时与编目实体核对过。

1 次级 1(未核实文献实体)

最完整的 MARC 记录,但在建立该记录时未与编目实体核对过。该级别主要用于回溯转换的记录,某些控制字段的代码和某些数据元素仅仅基于卡片目录的著录信息。

2 次级 2

该记录为在版编目(CIP)记录,这类记录通常是不完整的,如载体形态字段可能没有或不完整。

3 次级 3

该记录属于不完整编目的记录,该记录有可能由发行机构升级为完全级的记录,也有可能不再被升级。

著录格式(18 字符位)

说明编制记录依据的著录规则,在著录 200—225 字段时是否依据国际标准书目著录(ISBD),定义 3 种代码。

#完全采用 ISBD 格式

记录中出现的著录数据元素全部符合 ISBD 规定

i 部分的或不完全的 ISBD 格式

记录中出现的著录数据元素只有一部分符合 ISBD 规定。

n 非 ISBD 格式

记录中未出现符合 ISBD 规定的著录数据元素。

实例详解

记录头标区		00783nam0 2200265 450
字符位	代码值	注释
0 – 4	00783	整条记录的字符数为 783,不足 5 位,左边补 0,由计算机自动生成
5	n	新记录
6	a	印刷型文字资料
7	m	专著
8	0	无层次关系
9	#	未定义,空位
10	2	指示符长度总为 2,由计算机自动生成
11	2	子字段标识符长度总为 2,由计算机自动生成
12 – 16	00265	头标和地址目次区的字符总数为 265, 即数据基地址为 265,不足 5 位,左边补 0,由计算机自动生成
17	#	完全级,编制记录时与编目实体核对过
18	#	完全采用 ISBD 格式
19	#	未定义,空位

字符位	代码值	注释
20	4	每个目次区款目中字段长度部分所含的字符数, 其值总为4,由计算机自动生成
21	5	每个目次区款目中起始字符位置部分所含的字符数, 其值总为5,由计算机自动生成
22	0	"执行定义部分"长度,由于 UNIMARC 格式的目次区中不含这部分, 故其值总为0,由计算机自动生成
23	#	未定义,空位

（二）目次区

目次区位于记录头标之后,是记录中每个可变长控制字段和可变长数据字段位置的索引,由计算机自动生成。各编目系统的机内格式不反映目次区。

目次区结构示意图

字段标识符 （3）	字段长度 （4）	字段起始字符 （5）	…	…	F/T
目次项1（每个项目长度 = 12）			目次 项2	目次 项N	终止 符

目次区结构示例:

001001100000　005001700011　010003200028　099002100060　100004100081
101000800122　102001500130　105001800145　106000600163　200007900169
210002700248　215005500275　510003100330　606004800361　690001400409
701002800423 801002200451 905002200473 920001400495 998000800509

目次区由一串数字构成,主要反映该记录中的具有字段在数据区的起始位置及长度,每12位表示一个字段信息,以001001100000 为例:

1－3:字段标识符,001,即 001 字段。

4－7:字段长度,0011,即 001 字段长度为 11 字符。

8－12:字段起始字符位置,00000,即001字段从第0字符位起。

如果一条书目记录由20个字段组成,则该记录的目次区包含20个目次项。目次区以字段分隔符结束。

注:

记录分隔符的ASCII值为29

字段分隔符的ACSII值为30

子字段分隔符的ASCII值为31

(三)数据字段区

数据字段的三个层次依次为:功能块、字段、子字段或数据元素。

子字段由数据元素构成,若干子字段构成一个字段,若干字段构成一个功能块。

数据字段包括:

. 可变长控制字段

. 可变长数据字段

可变长控制字段:00X字段

如:001字段:记录控制号

005字段:最近一次作业的日期和时间

特点:

. 均无字段指示符和子字段代码;

. 由单个或多个数据元素组成;

. 通过字符位置识别相关数据元素;

. 大多数字段的长度为固定长度。

可变长数据字段:01X—9XX字段

特点:

. 均有字段指示符和子字段代码;

. 由单个或多个子字段组成,通过子字段标识相关数据元素;

. 均为可变长度。

可变长数据字段结构（以 200 字段为例）

指示符 1	指示符 2	子字段标识符	数据	…	字段终止符
1	#	＄a	做最好的自己	…	▲

（四）字段块

0XX　标识块

1XX　编码信息块

2XX　著录信息块

3XX　附注块

4XX　连接款目块

5XX　相关题名块

6XX　主题分析块

7XX　知识责任快

8XX　国际使用块

9XX　本地适应块

（五）约定符号

M 必备（Mandatory）

A 有责必备（Mandatory if applicable）

O 可选用（Option）

R 可重复（Repeat）

NR 不可重复（Never repeat）

空位或未定义

＄ 子字段分隔符

第二章

CNMARC 字段详解及实战案例

0XX 标识块

用来标识记录或标识编目文献的标识号。

001 记录控制号

005 记录处理时间

010 国际标准书号(ISBN)

011 国际标准连续出版物号(ISSN)

013 国际标准音乐出版物号(ISMN)

014 论文标识号

015 国际标准技术报告号(ISRN)

016 国际标准录音号(ISRC)

020 国家书目号

021 版权登记号

022 政府出版物号

040 缩称代码 CODEN

091 统一书刊号

092 订购号

093 专利号

094 标准号

098 书商刊号

001字段　记录控制号

本字段包含能唯一标识本记录的控制号,各馆的001字段可由本馆系统自行分配。

本字段必备,不可重复,无指示符,无子字段。

例1:011989009021

数据分解	数据元素名称	字符数	字符位置
01	资料类型代码	2	0-1字符位
1989	编目年	4	2-5字符位
009021	编目流水号	6	6-11字符位

资料类型代码:

中文图书	01	中文期刊	11
西文图书	02	西文期刊	12
日文图书	03	日文期刊	13
俄文图书	04	俄文期刊	14

本实例为中国国家图书馆1989年编制的一条中文普通图书书目记录的001字段,长度为12个字符位,流水号为009021,供参考。

例2: 记录控制号　　001　　0000821834

本实例为江汉大学图书馆的001字段,长度为10个字符位,0000821834为记录流水号,供参考。

005字段　记录处理时间

记录最近一次对记录进行业务处理的日期和时间。

本字段必备,不可重复,无指示符,无子字段。

本字段数据为固定长,形状为:YYYYMMDDHHMMSS. T

YYYY:年

MM:月

DD:日

HH:小时

MM:分

SS:秒

T:1/10 秒

例:| 记录版本标识 | | **005** | **20161029144100.0** |

最近一次对记录进行处理的日期和时间为 2016 年 10 月 29 日 14 时 41 分 00 秒。

010 字段　国际标准书号(ISBN)

国际标准书号(International Standard Book Number),简称 ISBN,是专门为识别图书等文献而设计的国际编号。ISO 于 1972 年颁布了 ISBN 国际标准,并在西柏林普鲁士图书馆设立了实施该标准的管理机构－－国际 ISBN 中心。现在,采用 ISBN 编码系统的出版物有:图书、小册子、缩微出版物、盲文印刷品等。2007 年 1 月 1 日前,ISBN 由 10 位字组成,分四个部分:组号(国家、地区、语言的代号),出版者号,书序号和检验码。2007 年 1 月 1 日起,实行新版 ISBN,新版 ISBN 由 13 位数字组成,分为 5 段,即在原来的 10 位数字前加上 3 位 ENA(欧洲商品编号)图书产品代码"978"。在联机书目中 ISBN 是一个检索字段。

本字段用于记录 ISBN 及其限定内容、文献获得方式、定价。

本字段有则必备,可重复。

本字段两个指示符未定义,空位。

子字段表

子字段标识符	描述	注释
$ a	ISBN 号	不可重复
$ b	限定说明	不可重复
$ d	获得方式和/或价格	不可重复
$ z	错误的 ISBN 号	可重复

$ a 子字段,记录正确的 ISBN,包括数字和短横,不著录"ISBN"字样,显示时

由系统自动生成。

例：

ISBN号	010	■a978-7-5086-5666-3■b精装■dCNY38.00

同一图书具有多个有效的 ISBN，可重复 010 字段：

ISBN号	010	■a978-7-302-40356-2■dCNY59.00（含光盘）
ISBN号	010	■a978-7-89395-248-7■b光盘

同一种书不同印次，ISBN 不同，重复 010 字段。

同一种图书，有平装和精装两种版本，且 ISBN 不同时，或 ISBN 相同，但价格不同时，均重复 010 字段。

例：010## \$ a7 – 80137 – 390 – 1 \$ b 第 1 卷 \$ dCNY19.00

010## \$ a7 – 80137 – 389 – 8 \$ b 精装#;#第 1 卷 \$ dCNY28.00

例：010## \$ a7 – 80021 – 047 – 1 \$ dCNY5.70

010## \$ b 精装 \$ dCNY9.00

注：平装、精装 ISBN 相同，但价格不同。

若集中著录的多卷图书，有整套和分卷的 ISBN 者，应优先著录整套图书的 ISBN，再著录分卷的 ISBN。

当图书附带光盘时，在 010 字段 \$ d 子字段价格后注明"（含光盘）"字样。若图书和光盘有各自的 ISBN 和 ISRC 时，将图书的 ISBN 著录在 010 字段，光盘的 ISRC 著录在 016 字段，并在 016 字段的 \$ b 子字段著录"光盘"限定信息。

\$ b 子字段，是对于 \$ a 子字段中 ISBN 的范围的说明，通常是指出版商名、编目文献的装订方式，或者是 ISBN 与整套文献或特定卷册的关系说明。

本子字段有则必备，不可重复。

图书的装帧形式，除平装可省略外，其他装帧形式如：精装、盒装、线装等都要在 \$ b 子字段中给予反映。

例：010## \$ a7 – 116 – 00615 – X \$ b 函装 \$ dCNY49.85

图书的卷册信息，应著录在此子字段。它的表达形式是：按在编文献出现的卷册形式如实照录。

若有限定 ISBN 的"精装"、"盒装"等信息应放在卷期限定信息前面，形式为：

$b 精装#;#6(使用半角录入分隔符号,分号前后各空一字符位)。

| ISBN号 | 010 | ■a7-5037-3881-2■b精装 ; 2002■dCNY160.00 |

$d 子字段,著录获得方式和定价。

本子字段不可重复。

若文献上已注明是"非卖品",且无价格,则在 $d 上注明"赠送"、"交换"等属于个别复本获取途径的说明,不著录在 $d 子字段。

010 $d 人民币符号统一使用 CNY,CNY 与其后用阿拉伯数字表示的价格之间无空位。

图书价格若无角和分,在整数后要加".00"。

图书单册著录,但价格是全套价格时,需在价格后的圆括号内著录全套或 X 册字样。

在编文献有不止一种币值的价格时,重复010字段。

例:010## $a7 - 5017 - 2157 - 2 $b 精装 $dCNY300.00

010## $b 精装 $dHKD300.00

多卷书只有一个 ISBN,但分卷价格不同时,重复 010 字段。(此时重复的 010 字段的 $a 子字段可省略。)

例:010## $a7 - 222 - 01989 - 8 $b 第 1 卷 $dCNY1.95

010## $b 第 2 卷 $dCNY2.10

港台等地出版的中文图书只著录港币、台币等的价格,代码为:

HKD(港元)、TWD(台币)、MOP(澳门元)、SGD(新加坡元)。

换算后的人民币价格在本地系统的复本信息中反映。

$z 错误的 ISBN,经校验确认 ISBN 有错,则将其录入此子字段。

若 ISBN 有错,应先将正确 ISBN 著录于 $a 子字段,再将错误的 ISBN 著录于 $z 子字段。

若 ISBN 出现明显错误,如少一位或多一位,记录在 010 字段的 $z。

若 CIP 数据、版权页与封底的 ISBN 不一致,位数都为十位,且经校验均为有效的 ISBN 时,以版权页、封底、CIP 的顺序依次选择正确的 ISBN 著录在 $a,其余著录在 $z。通常 CIP 数据不作为主要依据。

010 字段的子字段著录顺序为: $a $b $d $z,如果 010 字段无 $a,则顺序为：$zbd。

011 字段　国际标准连续出版物号（ISSN）

本字段记录 ISSN 中心根据 ISO3297 标准分配的、具有唯一性的连续出版物的标识号（ISSN）以及说明获得方式的词语和/或价格。

ISSN 适用于以连续出版物特性编制 MARC 记录的文献；ISSN 与识别题名（530 字段）一起，共同构成识别特定的连续出版物的唯一性标识。

本字段有则必备，可重复。

本字段两个指示符未定义，空位。

子字段表

子字段标识符	描述	注释
$a	ISSN 号	不可重复
$b	限定说明	不可重复
$d	获得方式和/或价格	可重复
$y	注销的 ISSN	可重复
$z	错误的 ISSN 号	可重复

通常在文献上的 ISSN 前，印有字母"ISSN"，但在 011 字段中不著录"ISSN"的字样，用于显示的"ISSN"由系统自动生成。

| ISSN号 | 011 | ■a1008-9330■b精装 ； 1999■dCNY235.00 |
| ISSN号 | 011 | ■a1008-9330■b精装 ； 2003■dCNY260.00 |

| ISSN号 | 011 | ■a1671-3869■b精装 ； 2001■dCNY280.00（含光盘） |

任何错误分配的、注销的或印刷错误的 ISSN 号应分别著录在"$y 注销的 ISSN"或"$z 错误的 ISSN"两个子字段内。这些 ISSN 与正确分配的 ISSN 著录在同一字段内。

例：011## $a1672 – 5018 $y1681 – 3626

注：1681 – 3626 为已被 ISSN 中心注销的 ISSN。

其他子字段的著录规则可参见 010 字段。

016 字段　国际标准录音号（ISRC）

本字段记录在编文献的 ISRC 号码以及说明获得方式和/或价格的词语。当音像资料作为图书附件著录时，在图书的记录中，可以使用 016 字段。

本字段两个指示符未定义，空位。

子字段表

子字段标识符	描述	注释
$ a	ISRC	不可重复
$ b	限定说明	不可重复
$ d	获得方式/价格	不可重复
$ z	错误的 ISRC	可重复

通常在文献上的 ISRC 前，印有字母"ISRC"，但在 016 字段中不著录"ISRC"的字样，用于显示的"ISRC"由系统自动生成。

ISBN号	010	■a978-7-5566-0014-4■dCNY39.00（含光盘）
ISRC	016	■aCN-A56-05-0036-0■b光盘

ISBN号	010	■a978-7-302-22638-3■dCNY66.00（含光盘）
ISRC	016	■a978-7-89444-102-7■b光盘

091 字段　统一书刊号

本字段记录我国出版部门为书刊分配的统一编号。

本字段有则必备，可重复。

本字段两个指示符未定义，空位。

子字段表

子字段标识符	描述	注释
$ a	统一书刊号	不可重复
$ b	限定说明	不可重复
$ d	价格	可重复
$ z	错误的统一书刊号	可重复

$a子字段记录我国出版部门为书刊分配的统一书刊号,著录时按照出版物上出现的形式转录统一书刊号,包括标点符号,外文字母和汉字。

若在编文献有统一书号和价格时,应将统一书号著录在091 $a子字段,将价格著录在091 $d子字段。

统一书刊号	091	■a17197.1013(1983)■dCNY15.00
统一书刊号	091	■a17197.1006(1982)■dCNY8.40
统一书刊号	091	■a17197.1002(1981)■dCNY8.40
统一书刊号	091	■a17197.8(1980)■dCNY8.40

统一书刊号	091	■a10110.159■b上■dCNY1.40
统一书刊号	091	■a10110.201■b下■dCNY1.66

不常用字段:

020字段 国家书目号

本字段包含由中国国家图书馆对每条书目记录分配的国家书目号码。

本字段可重复。

本字段两个指示符未定义,空位。

子字段表

子字段标识符	描述	注释
$a	国家代码	不可重复
$b	国家书目号	不可重复
$z	错误的国家书目号	可重复

021字段 版权登记号

本字段包含由国家版权机构对作品分配的号码。

本字段可重复。

本字段两个指示符未定义,空位。

子字段表

子字段标识符	描述	注释
$ a	国家代码	不可重复
$ b	版权号	不可重复
$ z	错误的版权号	可重复

022 字段　政府出版物号

本字段包含国家政府机关对政府出版物分配的号码。

本字段可重复。

本字段两个指示符未定义,空位。

子字段表

子字段标识符	描述	注释
$ a	国家代码	不可重复
$ b	政府出版物号	不可重复
$ z	错误的政府出版物号	可重复

040 字段　CODEN(连续出版物)

本字段包含由国际 CODEN 组织分配给连续出版物题名的一种唯一的、无二义性的代码。

本字段可重复。

本字段两个指示符未定义,空位。

子字段表

子字段标识符	描述	注释
$ a	CODEN	不可重复
$ z	错误 CODEN	可重复

092 字段　订购号

本字段记载我国书刊发行部门分配的订购号。

本字段可重复。

本字段两个指示符未定义,空位。

子字段表

子字段标识符	描述	注释
$ a	国家代码	不可重复
$ b	国内发行号	不可重复
$ c	国外发行号	不可重复
$ z	错误的发行号	可重复

094 字段　标准号

本字段包含中国国家标准局分配有关国家标准、专业标准出版物的编号。

本字段不可重复。

本字段两个指示符未定义,空位。

子字段表

子字段标识符	描述	注释
$ a	国家代码	不可重复
$ b	标准号	不可重复
$ z	错误的标准号	可重复

1XX　编码信息块

本信息块记录定长编码数据元素。

100　通用处理数据

101　作品语种

102　出版或制作国别

105　编码数据字段:文字资料:专著

106　编码数据字段:文字资料——形态特征

110　编码数据字段:连续出版物

115　编码数据字段:投影、录像制品和电影片

116　编码数据字段:书画刻印作品

117　　编码数据字段:三维制品和实物

120　　编码数据字段:测绘资料——一般性数据

121　　编码数据字段:形态特征

122　　编码数据字段:文献内容涵盖期间

123　　编码数据字段:测绘资料——比例尺与坐标

124　　编码数据字段:测绘资料——特殊资料标志

125　　编码数据字段:录音与印刷乐谱

126　　编码数据字段:录音资料形态特征

127　　编码数据字段:录音与乐谱播放时间

128　　编码数据字段:音乐演奏与乐谱

130　　编码数据字段:缩微制品——形态特征

131　　编码数据字段:测绘资料——大地、坐标网络与垂直测量

135　　编码数据字段:电子资源

140　　编码数据字段:古籍——一般性数据

141　　编码数据字段:古籍——复本特征

191　　编码数据字段:拓片

192　　编码数据字段:民族音乐

普通中文图书常用字段:100、101、102、105、106、110。

100 字段　一般处理数据

本字段是用于记录各种载体文献的定长编码数据。

本字段必备,不可重复。

本字段两个指示符未定义,空位。

本字段有一个子字段 $ a 通用数据处理,不可重复。它是定长的,共 36 位。

| 通用处理数据 | 100 | ▆a20160602d2016   em y0chiy50   ea |

著录此字段时需注意每一字符的正确位置,不得错位,尤其是出版日期(因为它会影响到查重、数据合并、限制性检索)、读者代码、政府出版物等字符位更应注意。

编目员在编辑该子字段时最好采用系统模板,避免出错。

0-7 字符位:入档日期。通常情况下,由系统自动生成。

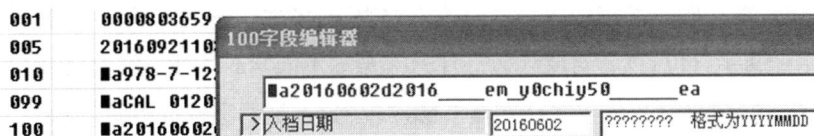

8-16 字符位:出版日期类型、出版日期1与出版日期2。出版日期类型要与出版日期1与出版日期2相匹配。主要有以下几种情况:

出版日期类型	出版日期1	出版日期2	备注
a	起始出版年或不同于出版年的创刊年	9999	现期出版的连续出版物;日期若不确定,未知字符位用空位#表示。
b	起始出版年或不同于出版年的创刊年	停止出版年	已停止出版的连续出版物;若出版日期1或2不确定,未知字符位分别用空位#表示。
c	起始出版年或不同于出版年的创刊年	####	刊行状态不明的连续出版物;日期若不确定,未知字符位用#表示。
d	出版年	####	单册书、一次或一年内出齐的专著
e	复制、重印年	原出版年	复制、重印的文献;日期不确定,未知字符位用#表示。
f	可能的最早出版年	可能的最晚出版年	出版日期不确定的专著;两个日期都不允许包含空位。
g	起始出版年	最终出版年或9999(仍在出版中);日期不确定时,未知字符位用#表示。	时间延续超过一年的专著

注意复制年、重印年与印刷年的区别,只有当在编文献为复制品时,如摹真复制(影印)、购得版权的重印版等,8字符位才用e,多次印刷的文献8字符位用d。

17-19字符位:读者对象代码。注意一般a不能与b、c、d、e组配;代码f不再使用。三位字母代码,依主次从左至右顺序填写,不足的字符位用空位#。

20字符位:政府出版物代码。必备。政府出版物指由政府机构颁行或拨款出版的文献。若在编文献为非政府出版物,则用y。

21字符位:记录修改代码,1位字符代码指示所用字符集是否能充分转录文献上的数据。由于计算机所用字符集的限制,可能不得不作修改以适应转录特殊文字或特殊数学公式的需要,例如:希腊字母或其他符号,但是在题名页上的符号或图形除外。该代码必备。0=未修改;1=修改过。通常情况下用0。

```
100        ■a20160602d2016       em y0chiy50        ea
```

100字段编辑器

```
■a20160602d2016____em_y0chiy50_____ea
```

入档日期	20160602	0	未修改的记录
出版日期类型	d	1	修改的记录
出版日期①	2016		
出版日期②	___		
阅读对象代码	em_		
政府出版物代码	y		
> 修改记录代码	0		

22－24 字符位:编目语种代码。必备。中文编目语种代码用 chi。

```
100        ■a20160602d2016       em y0chiy50        ea
```

100字段编辑器

```
■a20160602d2016____em_y0chiy50_____ea
```

入档日期	20160602	alb	阿尔巴尼亚语
出版日期类型	d	ara	阿拉伯语
出版日期①	2016	ben	孟加拉语
出版日期②	___	bul	保加利亚语
阅读对象代码	em_	bur	缅甸语
政府出版物代码	y	cam	高棉语
修改记录代码	0	chi	汉语
> 编目语种	chi	cze	捷克语
音译代码	y	dan	丹麦语
字符集	50__	dut	荷兰语
补充字符集	___	egy	埃及语
题名语系代码	ea	eng	英语
		esp	世界语
		fre	法语
		ger	德语
		gre	希腊语(近代)
		heb	希伯来语
		hun	匈牙利语
		ice	冰岛语
		inc	印度语
		ind	印尼语
		ita	意大利语
		jpn	日语
		kaz	哈萨克语

入档日期	20160602	kir 吉尔吉斯语
出版日期类型	d	kon 刚果语
		kor 朝鲜语
出版日期①	2016	lao 寮国语
出版日期②		lat 拉丁语
		may 马来语
阅读对象代码	em_	mlt 马尔他语
政府出版物代码	y	mon 蒙古语
		mul 多种语言
修改记录代码	0	nep 尼泊尔语
		nor 挪威语
编目语种	chi	per 波斯语(近代)
音译代码	y	pol 波兰语
		por 葡萄牙语
字符集	50__	rum 罗马尼亚语
		rus 俄语
补充字符集		san 梵语
题名语系代码	ea	slo 斯洛伐克语
		spa 西班牙语
		swe 瑞典语
		syr 叙利亚语
		tha 泰国语
		tib 藏语
		tur 土耳其语
		uig 维吾尔语
		vie 越南语
		yao 瑶族语
		yid 犹太语

25 字符位:音译代码。通常情况下用 y = 未使用音译。

```
100    ■a20160602d2016    em y0chiy50         ea
```

100字段编辑器

```
■a20160602d2016_____em_y0chiy50_____ea
```

入档日期	20160602	a ISO音译体系
出版日期类型	d	b 其它
		c 多种音译体系;ISO或其他体系
出版日期①	2016	y 未使用音译
出版日期②		
阅读对象代码	em_	
政府出版物代码	y	
修改记录代码	0	
编目语种	chi	
音译代码	y	

26 - 29 字符位:字符集。必备。

```
100      ■a20160602d2016      em y0chiy50      ea
```

100字段编辑器

```
■a20160602d2016____em y0chiy50____ea
```

入档日期	20160602	01 ISO 646, IRV version (基本拉丁集)
出版日期类型	d	02 ISO Registration #37 (基本基里尔集)
出版日期①	2016	03 ISO 5426 (扩充拉丁集)
出版日期②		04 ISO DIS 5427 (扩充基里尔集)
阅读对象代码	em_	05 ISO 5428 (希腊集)
政府出版物代码	y	06 ISO 6438 (非洲编码字符集)
修改记录代码	0	10 GB2312-80信息交换用汉字编码字符集资本
编目语种	chi	11 信息交换用汉字编码字符集基本集第一辅
音译代码	y	20 信息交换用汉字编码字符集基本集
字符集	50	21 信息交换用汉字编码字符集基本集

注:50 = ISO/IEC 10646 通用多八位编码字符集,ISO 10646 为双八位字符集, 容纳了全部必需的字符。中文出版物机读目录用 0110 或 50##。

30 – 33 字符位:补充字符集。通常情况下不需要补充字符集,故此处用####。

```
100      ■a20160602d2016      em y0chiy50      ea
```

100字段编辑器

```
■a20160602d2016____em y0chiy50____ea
```

入档日期	20160602	12 (双7位)汉字编码字符集辅助集3
出版日期类型	d	13 (双7位)汉字编码字符集辅助集5
出版日期①	2016	
出版日期②		
阅读对象代码	em_	
政府出版物代码	y	
修改记录代码	0	
编目语种	chi	
音译代码	y	
字符集	50	
补充字符集		

34 – 35 字符位:题名文字代码。表明正题名所用文字。在中文书目机读目录数据中,200 字段题名与责任者项除用汉字(可含外文字或数字)著录外,还由计算机辅助生成汉语拼音,故此处常用 ea。如果正题名为西文,则用代码 ba。

```
 100        ■a20160602d2016      em y0chiy50       ea
```

100字段编辑器

```
■a20160602d2016_____em_y0chiy50 _____ea
```

入档日期	20160602	ba 拉丁语
出版日期类型	d	ca 基里尔语
出版日期①	2016	da 日语-文字类型未指明
出版日期②		db 日语-汉字
阅读对象代码	em_	dc 日语-假名
政府出版物代码	y	ea 汉语-文字类型未指明
修改记录代码	0	eb 汉语-汉字
编目语种	chi	ec 汉语-汉语拼音
音译代码	y	fa 阿拉伯语
字符集	50	ga 希腊语
补充字符集		ha 希伯来语
> 题名语系代码	ea	ia 泰语
		ja 梵语
		ka 朝鲜语
		la 泰米尔语
		zz 其它

通用处理数据　　　100　　■a20160602d2016　　em y0chiy50　　ea

子字段数据说明:本条记录的编制时间为2016年6月2日,在编图书为2016年出版的单册书,读者对象为青年、普通成人,在编文献为非政府出版物,记录字符集未作修改,编目语种为中文,未使用音译,字符集"50",不需要补充字符集,题名文字为汉字(有汉语拼音)。

101 字段　文献语种

本字段用于记录在编文献题名及其正文的语种代码。如为译著,还需揭示其原著语种。

本字段必备,不可重复。

指示符

指示符1:译文指示符

　　0 原著

　　1 译著

　　2 含译文(文摘除外)

指示符2:未定义,空位。

子字段表

子字段标识符	描述	注释
$ a	正文语种	必备,可重复
$ b	中间语种(作品非译自原著)	可重复
$ c	原著语种	可重复
$ d	提要或文摘语种	可重复
$ e	目次页语种(与正文语种不同时)	可重复
$ f	题名页语种(与正文语种不同时)	可重复

通常情况下,字典、词典、对照读物的指示符为"0#";含译文文献的指示符为"2#"。

文献正文语种入 $ a 子字段;若正文语种不止一种又在三种之内(包括三种)时,重复 $ a 子字段,超过三种,则用 $ amul 表示。

若文献为译著,则 $ a 录入正文语种, $ c 录入原著语种;如果文献并非译自原著而是转译自某中间语种时,录入方法是: $ a 正文语种 $ b 中间语种 $ c 原著语种。

作品语种	101	0	▋achi
出版或制作国别	102		▋aCN▋b110000
编码:文字专著	105		▋aaf a　000yy
编码:形态特征编码	106		▋ar
题名与责任者说明	200	1	▋a现代园林苗圃学▋Axian dai yuan lin miao pu xue▋f张志国，鞠志新主编

作品语种	101	0	▋achi▋aeng
出版或制作国别	102		▋aCN▋b110000
编码:文字专著	105		▋aak a　001yy
编码:形态特征编码	106		▋ar
题名与责任者说明	200	1	▋a人乳成分▋ARen Ru Cheng Fen▋e存在形式、含量、功能、检测方法▋d= Human milk compositions▋eforms, contents, functions and analytical methods▋f荫士安主编▋zeng

作品语种	101	1	▋achi▋ceng
出版或制作国别	102		▋aCN▋b110000
编码:文字专著	105		▋aak z　000yy
编码:形态特征编码	106		▋ar
题名与责任者说明	200	1	▋aSwift基础教程▋ASwift ji chu jiao cheng▋f(美) Boisy G. Pitre著▋g袁国忠译

作品语种	101	1	∎achi∎cjpn
出版或制作国别	102		∎aCN∎b110000
编码:文字专著	105		∎aa e 001yy
编码:形态特征编码	106		∎ar
题名与责任者说明	200	1	∎a有关幸福的私房词典∎Ayou guan xing fu de si fang ci dian∎f(日) 浅见帆帆子著∎g徐萌译

作品语种	101	0	∎achi∎aeng∎alat
出版或制作国别	102		∎aCN∎b610000
编码:文字专著	105		∎ay e 000yy
编码:形态特征编码	106		∎ar
题名与责任者说明	200	1	∎a汉英拉医学大词典∎Ahan ying la yi xue da ci dian∎d= Chinese-English-Latin medical dictionary∎f主编王锦荣∎zeng

作品语种	101	0	∎achi∎afre
出版或制作国别	102		∎aCN∎b420000
编码:文字专著	105		∎aa z 000yy
编码:形态特征编码	106		∎ar
题名与责任者说明	200	1	∎a法汉对照读物精选∎AFa Han Dui Zhao Du Wu Jing Xuan∎d= Précis de lectures du contraste Fran?ais-Chinois∎f桂厚义编∎zfre

常用语种代码

语种	中文	代码
Chinese	汉语	chi
English	英语	eng
French	法语	fre
German	德语	ger
Italian	意大利语	ita
Swedish	瑞典语	swe
Russian	俄语	rus
Japanese	日语	jpn
Korean	朝语	kor
Multiple languages	多种语言	mul mul

102 字段　出版国别

本字段记录文献的出版(或制作)国及地区代码。

本字段不可重复。

本字段两个指示符未定义,空位。

子字段表

子字段标识符	描述	注释
$a	出版/制作国代码	必备,可重复
$b	出版/制作国代码	可重复

出版国代码采用世界各国和地区名称代码表(GB/T 2659-2000)规定的两位大写字母,中国为"CN"。

出版地代码采用《中华人民共和国行政区划代码(GB/T 2260—2007)》中的代码,只有我国出版的文献才有该代码。

出版或制作国别　102　■aCN■b110000

出版国:中国,出版地:北京

常用国家和地区名称代码

中文、英文简称	两字符拉丁字母代码	中文、英文全称
中国 China	CN	中华人民共和国 Peoples Republic of China
美国 United States	US	美利坚合众国 United States of America
英国 United Kingdom	GB	大不列颠及北爱尔兰联合王国 United Kingdom of Great Britain and Northern Ireland
法国 France	FR	法兰西共和国 Republic of France
德国 Germany	DE	德意志联邦共和国 Federal Republic of Germany
意大利 Italy	IT	意大利共和国 Republic of Italy
加拿大 Canada	CA	加拿大 Canada
俄罗斯 Russia	RU	俄罗斯联邦 Russian Federation
日本 Japan	JP	日本国 Japan

注:CALIS联合目录规定,香港、澳门、台湾地区代码选用"CN"。

中华人民共和国省、自治区、直辖市、特别行政区代码表

名称	代码	名称	代码	名称	代码
北京市	110000	安徽省	340000	四川省	510000
天津市	120000	福建省	350000	贵州省	520000
河北省	130000	江西省	360000	云南省	530000
山西省	140000	山东省	370000	西藏自治区	540000
内蒙古自治区	150000	河南省	410000	陕西省	610000
辽宁省	210000	湖北省	420000	甘肃省	620000
吉林省	220000	湖南省	430000	青海省	630000
黑龙江省	230000	广东省	440000	宁夏回族自治区	640000
上海市	310000	广西壮族自治区	450000	新疆维吾尔自治区	650000
江苏省	320000	海南省	460000	台湾地区	710000
浙江省	330000	重庆市	500000	香港特别行政区	810000
				澳门特别行政区	820000

本表依据 GB/T 2260－2007：中华人民共和国行政区划代码。

表中代码为 6 位数字代码。

105 字段　编码数据字段：专著性文字资料

本字段用于著录专著性印刷型语言文字资料的编码数据。

本字段在印刷文字型专著的机读目录中为必备字段，不可重复。

本字段两个指示符未定义，空位。

本字段有一个子字段 $a 专著编码数据，不可重复。全部数据是以字符位置标示的，从 0－12 共 13 个字符位。

编码:文字专著	105	▉aa　　a　　000yy

0－3 字符位是图表代码，不足四位时用#补足。注意与 215 字段载体形态项的 $c 子字段对应。

编码:文字专著　105　▇aa　a　000yy

105字段编辑器

▇aa___a___000yy

图表代码	a___	a 图表（包括画册）
内容特征代码	a___	b 地图
会议代码	0	c 肖像
纪念文集指示符	0	d 海图
索引指示符	0	e 设计图
文学体裁代码	y	f 单页插图
传记代码	y	g 乐谱

h 摹真本
i 徽章图
j 世系表
k 表格
l 样品
m 录音资料
n 透明图片
o 彩饰
y 无图表
_ （空格）不用的位置

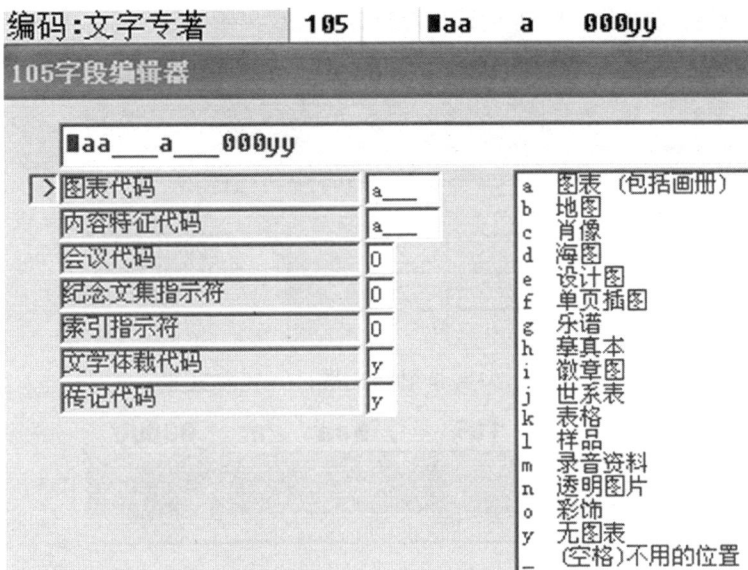

　　4-7 字符位是内容特征代码,不足四位时用#补足。除了代码 c 只能在文献本身是索引时才用外,其他代码在文献含有或文献本身完全是这种类型构成时均可采用。当代码用 a 时,注意与 320 字段对应。

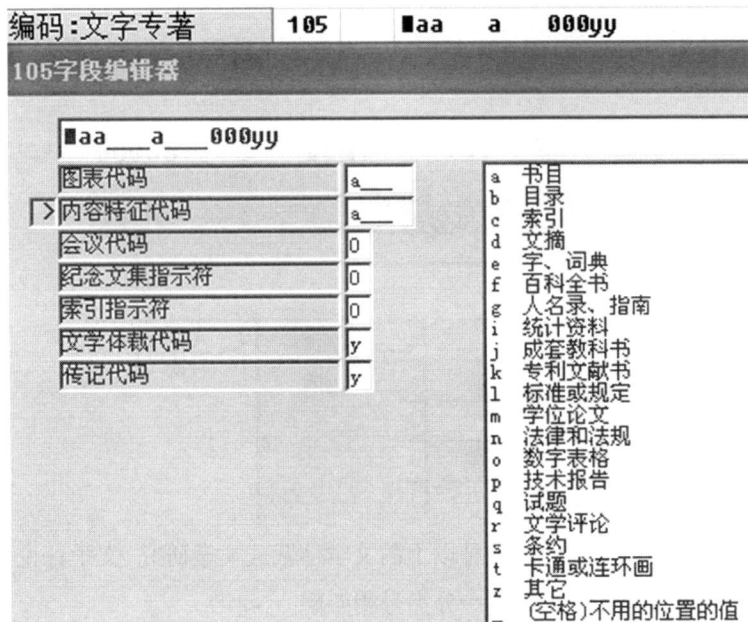

编码:文字专著　105　▇aa　a　000yy

105字段编辑器

▇aa___a___000yy

图表代码	a___	a 书目
内容特征代码	a___	b 目录
会议代码	0	c 索引
纪念文集指示符	0	d 文摘
索引指示符	0	e 字、词典
文学体裁代码	y	f 百科全书
传记代码	y	g 人名录、指南

h 统计资料
i 成套教科书
j 专利文献书
k 标准或规定
l 学位论文
m 法律和法规
n 数字表格
o 技术报告
p 试题
q 文学评论
r 条约
s 卡通或连环画
t 其它
z
_ （空格）不用的位置的值

8 字符位是会议代码。0 = 非会议出版物;1 = 会议出版物。

9 字符位是纪念文集指示符。0 = 非纪念文集;1 = 纪念文集。

10 字符位是索引指示符。0 = 无索引;1 = 有索引。若用1,则应注意与320字段的对应。

11 字符位是文学体裁代码。一种以上的文学体裁或文学研究、文学评论等用代码 z,所用代码应与本条记录的第一分类号相匹配。

编码:文字专著　　　105　　　█aa　　a　　　000yy

12 字符位是传记代码。所用代码应与本条记录的第一分类号相匹配,但当代码为"d"时,即在编文献为含传时,第一分类不一定是传记分类号。

编码:文字专著　　　105　　　█aa　　a　　　000yy

106 字段　编码数据字段:文字资料 – 形态特征

本字段记录文字资料的物理形态代码。

本字段不可重复。

本字段两个指示符未定义,空位。

本字段有一个子字段 $a 物理形态标志,不可重复。

若著录实体为印刷型资料,通常用 r 表示普通印刷品(普通开本)。

此外,还有以下几种类型:

d = 大型印刷本(宽大于 35cm);

j=小型印刷本(宽小于10cm);

g=微型印刷本(宽小于5cm);

f=盲文本

例:

| 编码:形态特征编码 | 106 | ▮ar |

110字段　编码数据字段:连续出版物

本字段记录连续出版物的编码数据,包括集中著录的丛书、年鉴、年刊及其他连续出版物。

本字段连续出版物必备,不可重复。

当记录头标区第7字符位为s时,采用此字段。

本字段两个指示符未定义,空位。

本字段有一个子字段$a连续出版物编码数据,不可重复。全部数据以其在子字段中的字符位置标识,从0－10共11个字符位。

中文图书编目所涉及的连续出版物只包含那些按照图书的形式出版、发行的丛编、年鉴、年刊、会议出版物等。

本字段应按照所要编目的连续出版物的实际情况,如实录入相应代码。比如,年鉴一般采用:akah###0xx0。

| 编码:连续出版物 | 110 | | ▮aakah　0xx0 |
| 题名与责任者说明 | 200 | 1 | ▮a黄石统计年鉴▮Ahuang shi tong ji
nian jian▮f黄石市统计局编 |

0字符位是连续出版物类型标志,年鉴用代码a。

编码:连续出版物　　**110**　　**▓aakah**　　**0xx0**

110字段编辑器

▓aakah＿＿＿＿0xx0

＞	连续出版物类型	a	a	期刊
	出版频率	k	b	专著丛编
	出版规律	a	c	报纸
	资料类型代码	h	z	其它
	内容特征代码			
	会议出版物	0		
	题名页获得方式	x		
	索引获得方式	x		
	累积索引获得方式	0		

1 字符位是出版频率,年鉴通常选用代码 k。

编码:连续出版物　　**110**　　**▓aakah**　　**0xx0**

110字段编辑器

▓aakah＿＿＿＿0xx0

	连续出版物类型	a	a	日刊
＞	出版频率	k	b	半周刊
	出版规律	a	c	周刊
	资料类型代码	h	d	双周刊
	内容特征代码		e	半月刊
	会议出版物	0	f	月刊
	题名页获得方式	x	g	双月刊
	索引获得方式	x	h	季刊
	累积索引获得方式	0	i	每年三期
			j	半年刊
			k	年刊
			l	双年刊
			m	三年刊
			n	每周三期
			o	旬刊
			u	不详
			y	不定期
			z	其它

2 字符位是出版规律。

| 编码:连续出版物 | 110 | ■aakah | 0xx0 |

110字段编辑器

■aakah＿＿＿0xx0

连续出版物类型	a	a	定期
出版频率	k	b	不规则定期
> 出版规律	a	u	不详
		y	不定期

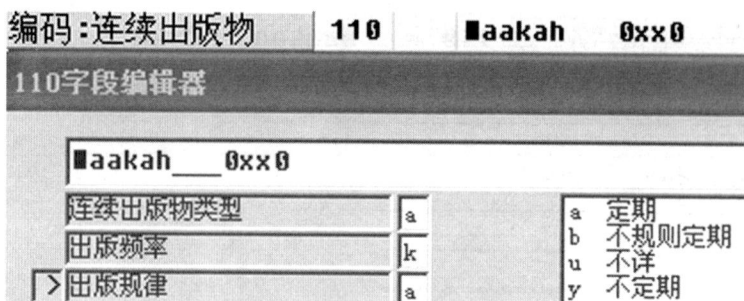

3 字符位是资料类型代码(整体)。

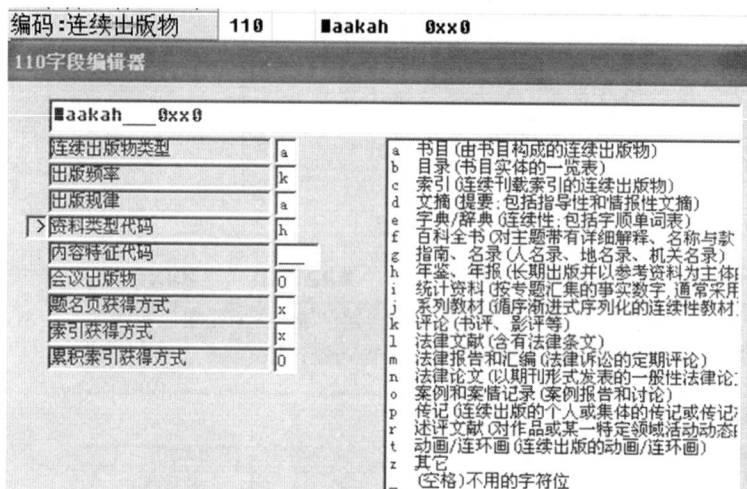

| 编码:连续出版物 | 110 | ■aakah | 0xx0 |

110字段编辑器

■aakah＿＿＿0xx0

连续出版物类型	a
出版频率	k
出版规律	a
> 资料类型代码	h
内容特征代码	
会议出版物	0
题名页获得方式	x
索引获得方式	x
累积索引获得方式	0

a	书目(由书目构成的连续出版物)
b	目录(书目实体的一览表)
c	索引(连续刊载索引的连续出版物)
d	文摘(提要;包括指导性和情报性文摘)
e	字典/辞典(连续性;包括字顺单词表)
f	百科全书(对主题带有详细解释、名称与款)
g	指南、名录(人名录、地名录、机关名录)
h	年鉴、年报(长期出版并以参考资料为主体)
i	统计资料(按专题汇集的事实数字,通常采用)
j	系列教材(循序渐进序列化的连续性教材)
k	评论(书评、影评等)
l	法律文献(含有法律条文)
m	法律报告和汇编(法律诉讼的定期评论)
n	法律论文(以期刊形式发表的一般性法律论文)
o	案例和案情记录(案例报告和讨论)
p	传记(连续出版的个人或集体的传记或传记)
r	述评文献(对作品或某一特定领域活动动态)
t	动画/连环画(连续出版的动画/连环画)
z	其它
＿	(空格)不用的字符位

4－6 字符位是所附资料类型代码(内容)。以三位字符位表示连续出版物是否含有一至三种类型的常用参考资料。左边对齐,不足 3 个代码时,右边填空格;超过 3 个代码时,按资料类型代码表中的代码顺序依次选取,最多可选 3 个。

编码:连续出版物　110　█aakah　0xx0

110字段编辑器

█aakah___0xx0

连续出版物类型	a
出版频率	k
出版规律	
资料类型代码	h
> 内容特征代码	
会议出版物	0
题页页获得方式	x
索引获得方式	x
累积索引获得方式	0

a 书目 (由书目构成的连续出版物)
b 目录 (书目实体的一览表)
c 索引 (连续刊载索引的连续出版物)
d 文摘 (提要:包括指导性和情报性文摘)
e 字典/辞典 (连续性:包括字顺单词表)
f 百科全书 (对主题带有详细解释、名称与
g 指南、名录 (人名录、地名录、机关名录
h 年鉴、年报 (长期出版并以参考资料为主
i 统计资料 (按专题汇集的事实数字,通常
j 系列教材 (循序渐进式序列化的连续性教
k 评论 (书评、影评等)
l 法律文献 (含有法律条文)
m 法律报告和汇编 (法律诉讼的定期评论)
n 法律论文 (以期刊形式发表的一般性法律
o 案例和案情记录 (案例报告和讨论)
p 传记 (连续出版的个人或集体的传记或传
r 述评文献 (对作品或某一特定领域活动动
t 动画/连环画 (连续出版的动画/连环画)
z 其它
_ (空格) 不用的字符位

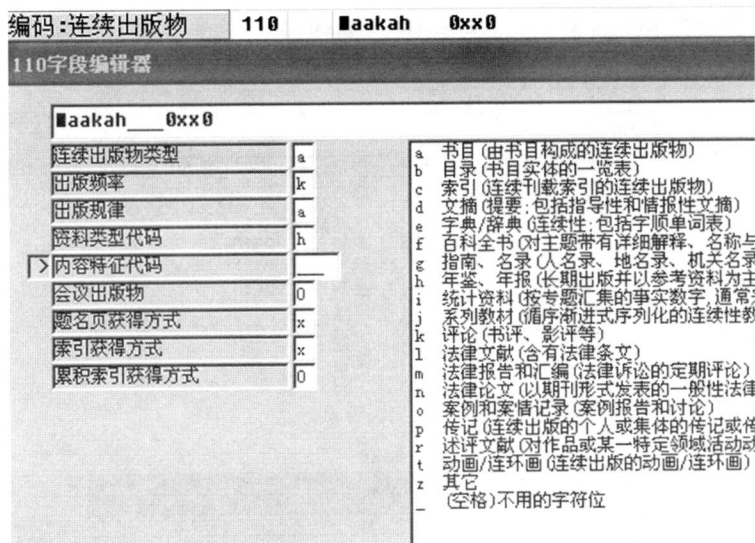

7 字符位是会议出版物指示符。

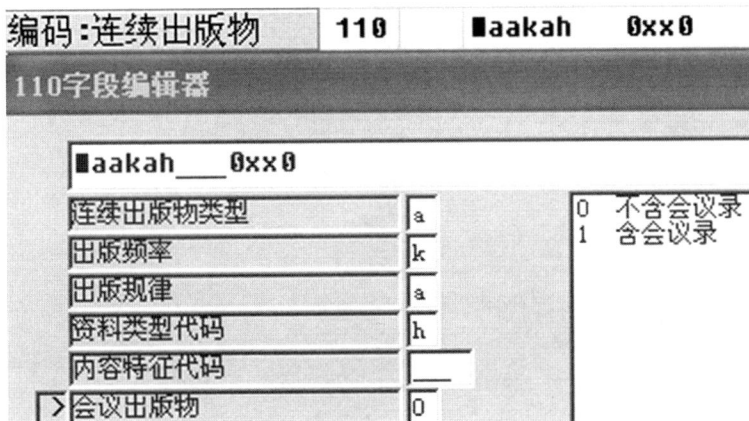

编码:连续出版物　110　█aakah　0xx0

110字段编辑器

█aakah___0xx0

连续出版物类型	a
出版频率	k
出版规律	a
资料类型代码	h
内容特征代码	
> 会议出版物	0

0 不含会议录
1 含会议录

8 字符位是题名页获得方式代码。

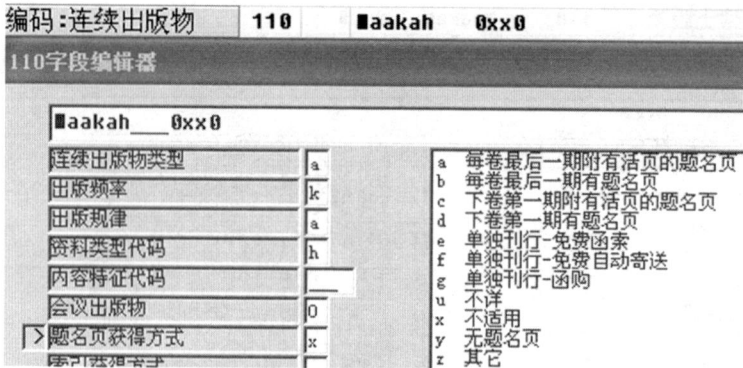

9 字符位是索引获得方式代码。

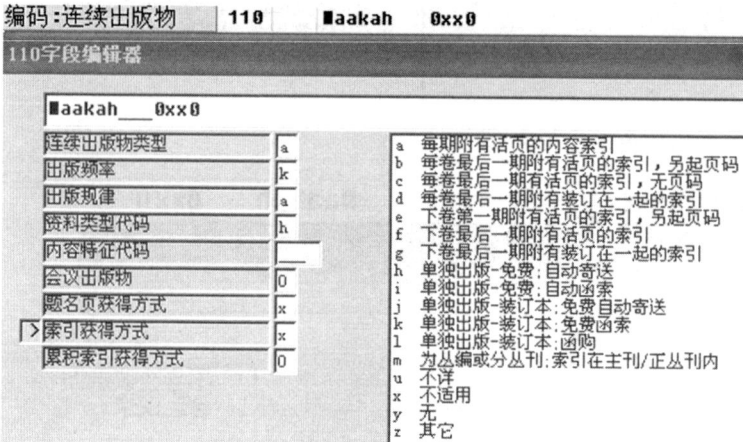

10 字符位是累积索引获得代码。

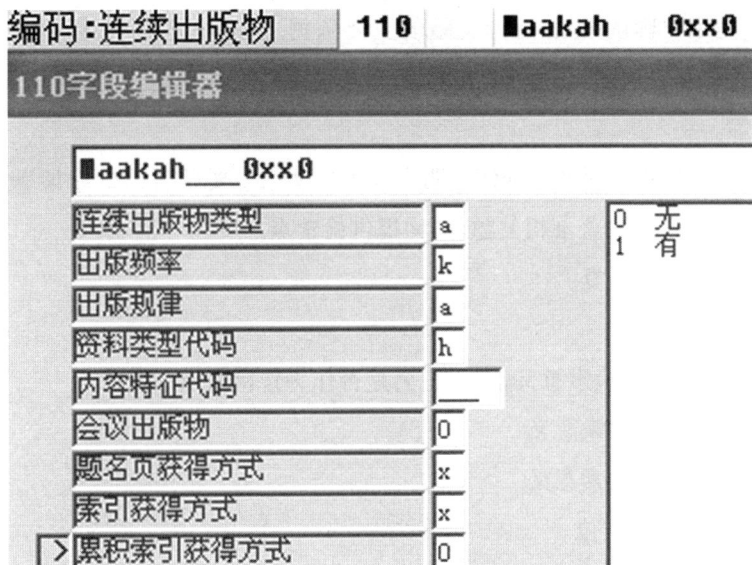

2XX 著录信息块

本信息块包括 ISBD 所规定的、除附注项与国际标准书号外的主要著录项目。

200 题名与责任说明项

205 版本说明项

206 资料特殊细节项:测绘资料——数学数据

207 资料特殊细节项:连续出版物卷期编号

208 资料特殊细节项:印刷乐谱的特别说明

210 出版发行项

211 预订出版日期

215 载体形态项

225 丛编项

230 资料特殊细节项:电子资源特征

中文图书常用字段:200、205、207、210、215、225。

200 字段 题名与责任说明项

文献题名是识别文献的重要特征,直接表达或象征、隐喻文献内容,并使文献具有个性化,是用户确认文献、选择文献的主要依据之一,也是揭示、标引文献的重要参考。文献题名包括:正题名、共同题名、分卷题名、并列题名、丛编题名、其他题名信息等。

CNMARC 设立:200 题名与责任说明字段著录文献主要题名、225 字段著录文献的丛编题名、5XX 字段著录相关题名,均提供检索点。

本字段必备,不可重复。

指示符

指示符1:题名有无检索意义,即正题名是否作为作检索点。

　　0　题名无检索意义

　　1　题名有检索意义

指示符 2:未定义,空位。

本字段指示符一般为 1#。

子字段表

子字段标识符	描述	注释
$ a	正题名	必备,可重复
$ b	一般资料标识	有则必备,可重复
$ c	另一责任者的正题名	有则必备,可重复
$ d	并列题名	有则必备,可重复
$ e	其它题名信息	有则必备,可重复
$ f	第一责任说明	有则必备,可重复
$ g	其他责任说明	有则必备,可重复
$ h	分辑号	有则必备,可重复
$ i	分辑名	有则必备,可重复
$ z	并列正题名语种	有则必备,可重复
$ v	卷标识	有则必备,不可重复
$9(CALIS 使用 $ A)	正题名汉语拼音	可以由计算机自动生成

$ a 正题名子字段(必备,可重复)

正题名是图书的主要题名,著录时原则上按照规定信息源所载题名如实照录。正题名中所含标点、符号、数字、汉语拼音、外文字母及其起语法标点作用的空位原则上客观照录。为避免与本项著录用标识符混淆,正题名所含方括号应改用圆括号,题名中所含"/"用半角录入,不加任何空位。

题名与责任者说明	200	1	■a80386/80486原理及应用■A80386/80486 yuan li ji ying yong■f艾德才,李文彬编著
题名与责任者说明	200	1	■aCortex-M3可编程片上系统原理及应用 ■ACortex-M3 Ke Bian Cheng Pian Shang Xi Tong Yuan Li Ji Ying Yong■d= The principle and application of cortex-M3 programmable system-on-chip■f何宾编著■zeng

交替题名是正题名的一部分,著录于正题名第一部分之后,用",#又名,#"(或"一名"、"亦名"、"或"、"原名"等其他相应的词语)连接。并在 517 字段提供交替题名检索点。例:

题名与责任者说明	200	1	■a醒世奇言,又名,醒梦骈言■Axing shi qi yan, you ming, xing meng pian yan■f(清)菊畦子辑■g海波点校
出版发行项	210		■a北京■c北京燕山出版社■d1992
载体形态项	215		■a263页■d20cm
提要、文摘附注	330		■a清初白话小说集。全书共十二回。
其它题名	517	1	■a醒梦骈言■Axing meng pian yan

正题名中含有数字表示的年代、会议届次时,如能判明其为连续出版物,则可不著于 200 $ a 子字段,有两种处理方法:

(1)当此种连续出版物集中著录时,重复 010 字段;

如在编文献为:《武汉年鉴 1991》,已知《武汉年鉴 1990》已出版,可判定其为连续出版物,则:

010## $ a7 – 307 – 00828 – 9 $ b 精装#;#1990 $ dCNY25. 00

010## $ a7 – 307 – 01070 – 4 $ b 精装#;#1991 $ dCNY25. 00

200## $ a 武汉年鉴 $ Awu han nian jian $ f 武汉年鉴编纂委员会编

(2)分散著录时,将其作为分辑号著录在 200 $ h 子字段。

010## $ a7 – 300 – 02387 – 8 $ dCNY17. 00

2001# $ a 研究生入学考试数学模拟题及题型分析 $ h1998 $ f 葛严麟主编

5171# $ a1998 年研究生入学考试数学模拟题及题型分析

如不能判别该文献属于连续出版物则原题照录,并在 517 字段为排除年代、会议届次的题名形式作检索点。

题名与责任者说明	200	1	■a1998年研究生入学考试数学复习指南 ■A1998nian yan jiu sheng ru xue kao shi shu xue fu xi zhi nan■i理工类■f陈文灯编著
出版发行项	210		■a北京■c世界图书出版公司北京公司■d1997
载体形态项	215		■a523页, [1] 叶图版■c图, 摹真■d26cm
其它题名	517	1	■a研究生入学考试数学复习指南■AYan Jiu Sheng Ru Xue Kao Shi Shu Xue Fu Xi Zhi Nan

正题名组成部分如冠有责任者名称或冠于书名前的"钦定"、"笺注"、"校订"、"袖珍"、"插图"、"图解"等字样,均应如实照录。并在 517 字段为排除这些字样的题名做检索点。例:

2001# $ a 插图本唐代传奇选译

5171# $ a 唐代传奇选译

2001# $ a 钦定兰州纪略

5171# $ a 兰州纪略

规定信息源有两种或两种以上文种题名,应选择与图书正文文种相同的题名为正题名著录(即正题名可以是外文)。

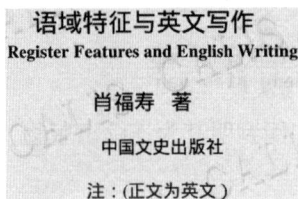

语域特征与英文写作
Register Features and English Writing

肖福寿　著

中国文史出版社

注:(正文为英文)

2001# $ aRegister features and English writing $ d = #语域特征与英文写作 $ f 肖福寿 $ zchi

5101# $ a 语域特征与英文写作 $ A yu yu te zheng yu ying wen xie zuo $ zchi

无总题名图书的合订题名,若为同一责任者,则正题名依次重复著录于 $ a 子字段;若为不同责任者,则第一个正题名为 $ a,其余正题名依次著录在 200 $ c 子字段,这两种情况都要在 423 字段做连接。正题名超过三个只著录第一个正题名及责任者,其后用省略号"…"表示,其余的题名在 311 字段说明,然后分别作 423 字段连接。

例:2001# $ a 古今注 $ Agu jin zhu $ f(晋)#崔豹撰 $ g 焦杰校点#...

311## $ a 本书与:#中华古今注#/#(五代)#马缟撰#;#封氏闻见记#/#(唐)#封演撰#;#资暇集#/#(唐)#李匡义撰#;#刊误#/#(唐)#李涪撰#;#苏氏演义#/#(唐)#苏鹗撰#;#兼明书#/#(五代)#丘光庭撰 合订一册

423#0＄12001#＄a 中华古今注＄1701#0＄a 马缟

423#0＄12001#＄a 封氏闻见记＄1701#0＄a 封演

423#0＄12001#＄a 资暇集＄1701#0＄a 李匡义

423#0＄12001#＄a 刊误＄1701#0＄a 李涪

423#0＄12001#＄a 苏氏演义＄1701#0＄a 苏鹗

423#0＄12001#＄a 兼明书＄1701#0＄a 丘光庭

＄d 并列题名子字段(有则必备,可重复)

题名页有两种或多种文种的题名信息,未被选作正题名的其他文种题名应作为并列题名著录于正题名之后＄d 子字段,并在并列题名前加"＝#"。

| 题名与责任者说明 | 200 | 1 | ■a马克思主义农业现代化思想演进论■Ama ke si zhu yi nong ye xian dai hua si xiang yan jin lun■d= Evolution theory of Marxist thought of agricultural modernization■f王丰, 蒋永穆著■zeng |

出现在题名页之外的并列题名不著录在＄d 子字段。不属于统一题名的并列题名,若该并列题名出现在附加题名页,则用 513 字段生成检索点;此外,出现在其他信息源上的并列题名,应在 312 字段做相关题名附注,并在 510 字段生成检索点。

题名与责任者说明	200	1	■a我与卡斯特罗■AWo Yu Ka Si Te Luo■f徐贻聪著
相关题名附注	312		■a英文并列题名取自封面
并列正题名	510	1	■aMis 16 primeros Con Fidel■zeng

译著的原文题名无论出自何处,均在 500 字段提供统一题名检索点。

题名与责任者说明	200	1	■a天堂与现代性之间■ATian Tang Yu Xian Dai Xing Zhi Jian■e建设苏州■e1895 -1937■f(美) 柯必德著■g何方昱译
相关题名附注	312		■a原文题名取自版权页
统一题名	500	10	■aBetween heaven and modernity : reconstructing Suzhou : 1895-1937■ABetween Heaven And Modernity : Reconstructing Suzhou : 1895-1937■mChinese
其它题名	517	1	■a建设苏州■AJian She Su Zhou

当文献有并列题名时,通常情况下有下列几种结构形式:

①若在编文献有正题名和其他题名信息,而只有正题名的并列题名时,其结构形式为:

2001#＄a 正题名＄d＝#并列正题名＄e 其他题名信息。

| 题名与责任者说明 | 200 | 1 | ■a突破创业■Atu po chuang ye■d= Breakthrough entrepreneurship■e新一代创业者取得成功的10个模块■f(美) 乔·伯格斯通，小比尔·墨菲著■g任虹蓉译■zeng |

②若正题名与其他题名信息分别有各自的并列题名时，其结构形式为：

2001#＄a 正题名 ＄e 其他题名信息 ＄d=#并列正题名 ＄e 并列其他题名信息。

| 200 | 1 | ■a新资本论■Axin zi ben lun■e全球金融资本主义的兴起、危机和救赎■d= The new capitalism■erising, crisis and future of the global financial capitalism■f向松祚著■zeng |

③若正题名与分卷题名均带有各自的并列题名时，其结构形式为：

2001#＄a 正题名 ＄i 分卷题名 ＄d=#并列正题名 ＄i=分卷并列题名。

| 题名与责任者说明 | 200 | 1 | ■a纪德文集■Aji de wen ji■i游记卷■f(法) 安德烈·纪德著■d= Collectin de gide■ivoyages■fAndre Gide■g由权，朱静等译■zfre |

| 题名与责任者说明 | 200 | 1 | ■a新世纪研究生英语教程■Axin shi ji yan jiu sheng ying yu jiao cheng■i视听说■d= New century graduate English■ilisten speak watch■f主编吴树敬，王玉雯■zeng |

④若在编文献有正题名和分卷题名，而只有分卷题名的并列题名时，其结构形式为：

2001#＄a 正题名 ＄i 分卷题名 ＄i=#并列分卷题名

⑤若在编文献有正题名和其他题名信息，而只有其他题名信息的并列题名时，其结构形式为：

2001#＄a 正题名 ＄e 其他题名信息 ＄e=#并列其他题名信息。

如果该并列题名信息本身已将正题名和使用该正题名语言的其他题名信息的内容结合为一体时，其结构形式则应为：2001#＄a 正题名 ＄e 其他题名信息 ＄d=#并列正题名

| 200 | 1 | ■a我国科技金融服务体系研究■Awo guo ke ji jin rong fu wu ti xi yan jiu■h下■i建设科技型中小企业科技金融服务体系的实践开拓■d= Research of financial services system for science & technology in China. Practical exploration of the financial services system for Hi-tech SMES■f贾康等著■zeng |

＄e 其他题名信息子字段(有则必备,可重复)

其他题名信息指的是出现在规定信息源上正题名、并列题名之外的题名补充信息,应著录在与其相关的题名之后的$e子字段。

| 题名与责任者说明 | 200 | 1 | ■a重返五四现场■Achong fan wu si xian chang■e1919,一个国家的青春记忆■f叶曙明著 |

| | 200 | 1 | ■a中国风■Azhong guo feng■e中文版Illustrator CS4学习总动员■f潘瑞兴、王永皎,马建红编著 |

图书的卷数、章回数等应视作其他题名信息,一律用图书本身的文字著录。例:

2001#$a隋唐演义$e一百回$f(清)#褚人获著

2001#$a详注聊斋志异图咏$e十六卷$f(清)#蒲松龄著

2012年CALIS中文三级编目员考试试题:

图书的卷数、章回数等应视作其他题名信息,一律用阿拉伯数字著录。(B)

A. 正确 B. 错误

题名页如有多个其他题名信息,应按照排版顺序依次重复$e子字段。

译著的原文版次说明不作为其他题名信息处理,有两种处理方式:当该译著有原著题名等信息时,在454连接字段嵌套的205字段反映;若无原著信息时则在305字段说明"据原文第x版译出"。

$h分辑号、$i分卷题名子字段(有则必备,可重复)

本子字段应按照在编文献上出现的形式如实照录。

| 题名与责任者说明 | 200 | 1 | ■a中国近代思想家文库■Azhong Guo Jin Dai Si Xiang Jia Wen Ku■i杨度卷■f左玉河编 |

多卷书分散著录时,将共同题名著录在200$a子字段,分辑号与分卷题名著录在$h和$i子字段。

| 题名与责任者说明 | 200 | 1 | ■a中国植物志■Azhong guo zhi wu zhi■h第七十六卷■h第一分册■i被子植物门■i双子叶植物纲■i菊科(三)■i春黄菊族■f中国科学院中国植物志编辑委员会编 |

若某一分卷同时有多个分卷题名,且这些分卷题名之间是平行关系时,著录方式为:2001#$a正题名$h分辑号$i分卷题名#分卷题名

例:2001#$a青海省志$h第十二卷$i农业志#渔业志

若某一分卷同时有多个分卷题名,这些分卷题名之间又具有层次关系时,其著录方式应为:2001#＄a 正题名＄h 分辑号＄i 分卷题名＄i 分卷题名

例:2001#＄a 吉林省志＄h 卷十二＄i 司法公安志＄i 公安

＄f＄g 责任说明子字段(可重复)

责任说明主要指对文献的知识内容负主要责任的个人或团体,第一责任说明著录在＄f 子字段,其他责任说明著录在＄g 子字段。

题名与责任者说明	200	1	■a十日谈■Ashi ri tan■f(意) 薄迦丘著■d= Decameron■fBoccaccio, G.■g钱鸿嘉等译■zita
题名与责任者说明	200	1	■a管理沟通■Aguan li gou tong■e策略与应用■f(美)杰拉尔丁·E.海因斯著■d= Managerial communication■estrategies and applications■fGeraldine E. Hynes■g许勉君, 于光译■zeng
题名与责任者说明	200	1	■a失乐园■Ashi le yuan■f(英) 约翰·弥尔顿著■g(法) 杜雷图■d= Paradise lost■fJohn Milton■gGustave Dore■g刘怡君改编■zeng

责任说明按规定信息源原题名称形式和顺序如实照录("本书编委会"也是如实照录,不必改成"XX 编委会")。

题名与责任者说明	200	1	■a探路数字转型■Atan lu shu zi zhuan xing■f本书编委会组编

责任说明应著录在其负有责任的相应题名之后。

例:2001#　＄a 中华文史丛书＄f 王有立主编＄h 20 – 21＄i 青海玉树调查记＄f 周希武撰

文献题名中已包含责任者名,而规定信息源中又没有相应的责任说明时,不必另加责任说明,只要在 7X1 字段反映即可。

题名与责任者说明	200	1	■a郑敏文集■Azheng min wen ji■i诗歌卷
人名等同责任	701	0	■a郑敏■Azheng min■4著

个人责任者名称前后冠有头衔等字样,一般不予著录。若外国责任者在题名页同时载有汉译与另一文种的姓名,而题名项只有中文,则重复＄f 或＄g 子字段,将另一文种的姓名著录于汉译姓名后,其前用等号"＝#"标识。例:

2001#＄a 管理学＄Aguan li xue＄f(美)斯蒂芬·P. 罗宾斯＄f＝#Stephen P. Robbins 著＄g 黄卫伟等译

责任者的责任方式应根据规定信息源所示如实著录,若著录信息源上的责任

者与责任方式表现为"主编 XXX",则相应的著录形式也是"主编 XXX"。责任方式与责任者之间不加空位。若规定信息源未予载明,则不必另加。如必须反映时,可置于"[ ]"中。

题名与责任者说明	200	1	■a管理学原理■AGuan Li Xue Yuan Li■d=Principles of management■f主编徐碧琳■zeng

国内责任者(包括香港地区、澳门地区、台湾地区)不必注明国别或地区名称。

题名与责任者说明	200	1	■a还珠格格■AHuan Zhu Ge Ge■h第三部■i天上人间■f琼瑶著

CNMARC 中,200 字段包含有多个子字段,各子字段的著录顺序通常按照在编文献内容间的相关或修饰关系确定,不是按照子字段标识的字母顺序著录。

205 字段　版本项

本字段包括有关文献的版本说明、附加版本说明及与本版有关的责任说明。

本字段有则必备,可重复。指示符未定义。

子字段:

子字段标识符	描述	注释
＄a	版本说明	必备,不可重复
＄b	版次和附加版本说明	可重复
＄d	并列版本说明	可重复
＄f	版本的责任说明	可重复
＄g	版本的次要责任说明	可重复

＄a 版本说明

除第 1 版外,各个版次均著录于 ＄a 子字段,CALIS 联合目录规定:版次一般用阿拉伯数字表示,不省略"第"字。

例:

版本说明	205	■a第3版

版次之外的其他版本说明应著录在 ＄b 子字段;若无版次说明,只有文字形式的版本说明,如"影印本"、"修订本"等,则著录于 ＄a 子字段。

205 字段版本信息源的出处不局限于版权页,通常情况下,当版权页为"第 1

版"，而题名页、封面等出现"修订本"、"修订版"、"增订版"等版本说明文字时将其著录在205＄a子字段。若图书题名页、封面为"修订本"、"修订版"、"增订版"，而版权页为"第2版"，事实上这"修订本"、"修订版"、"增订版"就是第2版，这种情况应著录为：205##＄a第2版＄b修订版（或其他相应版本说明）。

以下几类版本说明可著录在版本项：

地区版本说明，如"农村版"、"华东地区版"、"海外版"、"国内版"、"国外版"等；

读者对象版本说明，如"经理版"、"医师版"、"儿童版"、"高中版"、"教师版"、"普及版"等；

特殊版式或外形说明，如"盲文版"、"大字印刷版"、"图画版"、"缩印本"等；

文种版本说明，如"中文版"、"英文版"、"蒙文版"等；

专业版本说明，如"文科版"等；

时间版本说明，如"星期日版"、"2014年版"（有的出版物用年代表示不同的版次，如《中文核心期刊要目总览》）等；

其他版本或版次说明，如"影印版"、"修订本"、"3版"、"重印版""联合版"等。

＄f与版本相关的责任说明

与版本相关的责任说明是指被著录文献第2版以上的审定者、编辑者、插图者等参与该版再创作的责任者，注意：只有当责任说明仅与本版有关而非与所有版本有关，且与初版有区别时才著录在本子段。

例：205##＄a第3版＄b修订本＄f王志昊补订

译著的原版本说明不著录在本字段，若该书有原著的题名等信息，则版本说明在454连接字段内嵌套的205字段予以反映，454不能反映的信息在311字段说明。若无原著信息时则在305字段说明"据原文第x版译出"。

例：305##＄a本书据原文第3版译出

例：311##＄a据德国维多里奥·克劳斯特曼出版社1996年德文第3版译出
454##＄12001#＄aWegmarken＄1205##＄a3rded.＄1701#1＄aHeidegger, ＄bMartin, ＄f1889-1976

无总题名的文献，若所含著作的版本项各不相同时，可著录其中主要著作的版次及有关责任说明,其余在 305 字段说明。

版本说明文字已经成为书名的组成部分时,不能著录在版本项。如:新版英汉大辞典。

207　资料特殊细节项:连续出版物编号

当已知连续出版物的卷期和年代范围时,本字段著录连续出版物第一期与最后一期的编号和/或出版日期范围。记录在该字段的标识信息可以是卷期编号、日期或两者的结合,信息记录方式可选用格式化形式或非格式化形式。本字段是连续出版物特有的字段,在中文图书编目中,主要用于著录年鉴等连续出版物。

本字段必备,不可重复。

指示符

指示符 1:未定义,空位。

指示符 2:为编号格式化指示符,说明卷期编号和日期是否格式化、结构化。

0 = 已格式化

1 = 未格式化

有明确卷期标识时指示符用"#0"。

说明:格式化是指著录的卷期编号和/或年代标识,其数字和字母、日期或其它表示方式与它出现在出版物第一期或最后一期上的形式相同。

非格式化标识大多用文字叙述形式表示。

子字段

子字段标识符	描述	注释
$ a	编号;日期和卷期标识	可重复
$ z	编号信息来源	可重复

$ a 年代和卷期标识(必备,可重复)

本子字段著录的是连续出版物的编号和/或出版日期范围,其日期可能与 210 字段出版日期相同,也可能不同。

当一个新的序列编号开始时,本子字段可重复。

本子字段的形式通常是"起始标识—最终标识"的形式。但由于出版物具体情况的差异,使用时可采用不同形式。

卷期年月标识通常规定为:vol. = 卷,no. = 期号;字段之首的字母采用大写形式"V"、"N",其余小写;数字一律采用阿拉伯数字形式;卷期之间用半角逗号","相隔,逗号前后不空格;如有"辑"、"册"、"季号"等其他标识时,应转换为相应的"vol. "或"no. "。

如果连续出版物仍在出版中,最后一期的卷期标识空缺,即"开口著录"。

例:207#0 $ aVol. 1 -

如果已经停止出版,则应封口。

例:207#0 $ a1988 - 1998

连续出版物有卷标识,又有期号,将卷号著录在前,期号著录在后。

例:207#0 $ aVol. 1 ,no. 1 -

连续出版物以年代卷,又有期号,将年代著录在前,期号著录在后。

例:207#0 $ a2002 ,no. 1 -

连续出版物创刊号不在手边,但封面载明了创刊年。

例:207#1 $ a1986 年创刊

改名后的连续出版物,如果所使用的编号是一种或多种其他连续出版物的继续(如继承、部分继承),著录新正题名首卷所载的编号和/或日期。

例:207#0 $ aVol. 18 -

注:在编文献前 17 卷使用旧题名,从第 18 卷改名,但是卷号连续。

连续出版物具有两种以上标识系统,同时著录,两个标识系统之间用"# = #",相隔。

例:207#0 $ a2016 -　 = 总 1 -

210　出版发行项

本字段著录有关文献的出版、发行和制作方面的信息。主要包括有关文献的出版发行地,出版发行者名称,出版发行年等信息。有出版信息著录出版信息,没有出版信息时著录发行信息。

本字段有则必备,不可重复,指示符未定义。

子字段表

子字段标识符	描述	注释
＄a	出版、发行地	可重复
＄b	出版者、发行者地址等	可重复
＄c	出版者、发行者名称等	可重复
＄d	出版、发行日期	可重复
＄e	制作地	可重复
＄f	制作者地址	可重复
＄g	制作者名称	可重复
＄h	制作日期	可重复

常见著录实例：

＄a 出版地或发行地

出版、发行地是指规定信息源所载出版、发行者所在的城市名称,有出版地时不著发行地。为避免重名和识别不知名的地名可在城市名后圆括号中加上其所属省份、国别。

当文献题有两个出版发行地时,若出版者相同,应重复＄a 子字段,著录顺序为:＄a＄a＄c＄d；

例:210##＄a 北京＄a 上海＄c 三联书店＄d1996

若分属两个不同的出版地和出版者,则著录顺序为:＄a＄c＄a＄c＄d。

若有三个及三个以上出版发行地时,按原题顺序只著录第一个,其后加"[等]"字样。

当图书未载明出版、发行地时可推测著录,推测的出版发行地置于方括号中;无法推测出具体城市时,可著录所推测的省或国家名称;无从查考时,可著录为"[出版地不详]"。

＄c 出版者或发行者

出版、发行者著录于出版、发行地之后的＄c 子字段。原则上以出版发行机构为准;在编文献有出版者时,不著发行者。如仅有发行者名称时,则该发行者必须著录(其后不必加发行字样)。

文献题有两个出版、发行者,若两个出版、发行者同属一个出版地,重复＄c 子字段;若分属不同出版地,则著录顺序为 acac。题有三个以上(含 3 个)者,接原题顺序著录第一个出版、发行者,后加"[等]"字样。

例:210## $a 北京 $c 人民邮电出版社 $c 高等教育出版社 $d2013

当图书未载明出版、发行者时可推测著录,推测的出版发行者置于方括号中;无从查考时,可著录为"[出版者不详]"。

若出版地、出版者、出版日期中有两个以上(含两个)著录单元无从查考时,应将这些著录单元置于同一组方括号中。

例:210## $a[出版地不详 $c 出版者不详] $d1988;

$d 出版年或发行年

出版、发行年著录于出版者之后的 $d 子字段。

如出版年为非公元年,如实著录,可在其后方括号内注明公元纪年。常见的非公元纪年与公元纪年的数字换算方法如下:

民国年 + 1911 = 公元纪年

宣统年 + 1908 = 公元纪年

康德年 + 1933 = 公元纪年

昭和年 + 1925 = 公元纪年

大正年 + 1911 = 公元纪年

平成年 + 1988 = 公元纪年

图书未载明出版、发行年,可考证推测著录一个年代,并置于方括号内。如:[1988];[1988?];[197 - ?];[19 - - ?]。注意"-"不能省略。

多卷书出版年各不相同时,如集中著录,100 出版类型代码用"g",210 $d 子字段著录最初和最后出版年,其间用连字符"-"连接;尚未出齐的多卷书,只著录第一卷或在编文献的出版年,后加连字符"-",待出齐后,再著录最后出版年。

例:210## $a 北京 $c 北京大学出版社 $d2011 - 2015

注意:著录出版日期时,应注意与 100 字段中出版类型(8 字符位)和出版日期(9 - 16 字符位)的对应关系。

215 载体形态项

它包括对文献形态特征方面的特定资料标识和文献的数量及单位、图及其他形态细节、尺寸、附件的描述。

本字段有则必备,可重复,指示符未定义。

子字段表

子字段标识符	描述	注释
$ a	特定资料标识和文献的数量及单位	必备,可重复
$ c	其他形态细节	不可重复
$ d	尺寸	可重复
$ e	附件	可重复

$ a 特定资料标识和文献的数量及单位

特定资料标识和文献的数量是指文献的页码或卷(册)数,二维图像的张或幅数等。

著录页数或/和卷册数及与图书文字不连续编码的图版的页数。著录页码时,数字(无论是阿拉伯数字还是罗马数字)依出版物上出现的实际情况著录,但汉字需转换为阿拉伯数字。

例:215## $ aXII,1066 页 $ d21cm

文献的页数一般包括正文页数及正文前后其他页数。若正文前后的内容甚为重要,页数较多(超过 10 页,含 10 页),按照"正文前,正文,正文后"的顺序分段著录,中间用西文状态下的","标识,并空一格。

集中著录的多卷书,页数连续编码时,先著总册数,并将总页数著在其后的圆括号中;当各卷图书单独编码时,3 册以内(含 3 册)先著总册数,再将各卷正文页数分段著录在其后的括号内,3 册以上只著总册数。

例:215## $ a5 册(2150 页) $ d20cm

例:215## $ a3 册(250,354,520 页) $ d20cm

例:215## $ a6 册 $ d26cm

多卷书分散著录时,如页数为连续编码,则著录起讫页码,中间用连字符"-"连接。

例:215## $ a356-588 页

合订图书,每部作品单独编码,页数在 3 段以内(含 3 段),则按各部作品依次著录;若页数超过 3 段时,则著录为 1 册。

例:215## $ a250,354,520 页 $ d20cm

例:215## $ a1 册 $ d26cm

图书未载明页码或多段编码时,可统计全书页数,著录于方括号内;若页数难于统计,可著录为 1 册

例:215## $ a[520] 页 $ d20cm

图书除了正文外,在正文的前后或中间还有图版。当图版标明页数时,可在正文页码后用逗号隔开,著上图版页码;当未标明页数时,需要把累加后的图版页数置于方括号内。若图版是单面图版,用"叶"为单位。

例:215## $ a416 页,[8] 页图版 $ c 图(部分彩图) $ d21cm

$ c 图及其他形态细节

图及其它形态细节著录于 $ c 子字段。

注意应严格与 105 字段 0 – 3 字符位图表代码对应。(参见 105 编码数据字段)

理工科图书中的插图等也要著录。

通常情况下,在 215 字段描述图的类型时,不使用"插图、照片、手迹"等字样,而采用"图、图#(部分彩图)地图、肖像、摹真"等图片内容表达形式。文献内有多种图形,按图、彩图、地图、肖像、摹真等顺序逐一列出,中间用","标识。

例:105## $ aabchz###000yy

例:215## $ a234 页 $ c 图,地图,肖像,摹真 $ d21cm

注:有各种插图。

内容主要由图组成或书名已明确为图的文献,仍需著录"图"字。

编码:文字专著	105	▊aak a 000yy
编码:形态特征编码	106	▊ar
题名与责任者说明	200 1	▊a图解汽车维修技能▊tu jie qi che wei xiu ji neng▊f徐晓齐编著
出版发行项	210	▊a北京▊c化学工业出版社▊d2016
载体形态项	215	▊a421页▊c图▊d21cm

$ d 尺寸

尺寸用阿拉伯数字著录,一般只著录图书的高度,以 cm 为单位,不足 1cm 的尾数按 1cm 计算。

2012 年 CALIS 中文三级编目员考试试题:(选择题):

215 的＄d 子字段一般著录在编文献的高度,不足 1 厘米的余数如何处理?
(B)

A. 四舍五入　B. 以 1 厘米计算　C. 全部舍去　D. 以小数点表示

图书的宽度大于高度或宽度小于高度的"二分之一"者,著录为:高度 x 宽度
(x 用小写英文字母"x")

例:215##＄a188 页＄c 图＄d26x39cm

例:215##＄a126 页＄c 图＄d26x11cm

2012 年 CALIS 中文三级编目员考试试题:

当出版物的宽度大于高度时,可著录为"高度 x 宽度"(A)

A. 正确 B. 错误

＄e 附件

附件是分离于图书的主体部分,并与图书结合使用的附加材料,著录于尺寸
之后的＄e 子字段。

附件的著录形式:附件类型、附件数量及计量单位。附件的数量用阿拉伯数
字,单位可用"张、袋、册、片、页、叶、盘"等,如:

说明书(16 页;26cm)(已经编页的单册说明书,且说明书的开本与原书开本
不同);

说明书 10 叶(单面印刷、散页、未编页码的说明书);

折图 1 袋(18 张)。

例:215##＄a318 页＄c 图＄d21cm＄e 说明书 1 册#(28 页#;#20cm)

225 丛编项

本字段著录丛编的正题名、并列题名、其他题名信息、责任说明、分丛编名、卷
册标识及有关丛编的其他信息。当某一出版物属于多种丛编和/或分丛编时,重
复使用 225 字段。

225 字段是对文献丛编的客观性描述,它相应的规范化检索点是 410 字段。

225 字段有则必备,可重复。

指示符

指示符 1:题名形式指示符

该指示符表示本字段的丛编题名是否与410字段中记录的检索点形式相同。

0　与检索点形式不同

1　无确定的检索点形式

2　与确定的检索点形式相同

指示符2：未定义，空位。

本字段指示符常用"2#"。

子字段表

子字段标识符	描述	注释
$ a	丛编题名	不可重复
$ d	并列丛编题名	可重复
$ e	其他题名信息	可重复
$ f	丛编责任说明	可重复
$ h	分丛编编号	可重复
$ i	分丛编题名	可重复
$ v	卷册标识	可重复
$ x	丛编的 ISSN	可重复
$ z	并列丛编题名语种	可重复

$ a 丛编题名(必备,不可重复)

丛编题名著录于 $ a 子字段。丛编题名中含有标点、符号、数字、外文字母及其起语法标点作用的空位,原则上应客观照录(可参照200字段)。

例:2252# $ a 中国·香格里拉丛书

410#0 $ 12001# $ a 中国·香格里拉丛书

某些丛书尽管未注明为丛书,而是用"文库、文集、系列、大全"等表示,实际上具有丛编性质,也按丛编著录。

例:2252# $ a 现实问题报告系列

若在编文献从属于多个丛编,可重复使用本字段进行著录,并分别做检索点。

丛编项	225 2	■a朱迪·皮考特作品■AZhu Di·Pi Kao Te Zuo Pin■h第一辑
丛编项	225 2	■a读客全球顶级畅销小说文库■ADu Ke Quan Qiu Ding Ji Chang Xiao Xiao Shuo Wen Ku■v219
丛编	410 0	■12001 ■a朱迪·皮考特作品■h第一辑
丛编	410 0	■12001 ■a读客全球顶级畅销小说文库■v219

丛编题名在各信息源表现形式不同时,按照丛编/专著题名页、封面、封底、其它的顺序依次选择"正确的"丛编题名著录在 225 $a 子字段,其余的丛编题名在308 字段作附注。

若在编文献的检索点形式与 225 字段的有所区别,则 225 字段的指示符用"0#"。

例:2250# $a 非计算机专业计算机系列丛书

410#0 $12001# $a 非计算机专业计算机系列教材

若在编文献属于两种丛书,而其中某一种不需要在 4XX 字段提供检索点,则第1指示符值为l。

$d 并列丛编题名(可选用,可重复)

并列丛编题名是指文献上出现的与 $a 子字段丛编正题名相对应的另一种语言文字的丛编题名。CALIS 联合目录不要求著录并列丛编题名。

$e 其他题名信息(可选用,可重复)

丛书的其他题名信息著录在 $e 子字段。

例:2250# $a 感动心灵 $e 最受欢迎的微型小说名家名作系列

410#0 $12001# $a 感动心灵(最受欢迎的微型小说名家名作系列)

$f 丛编责任说明(可选用,可重复)

著录丛编及分丛编的责任说明。CALIS 联合目录不要求著录丛编的责任说明。

$h 分丛编号(可选用,可重复)

分丛编编号著录于 $h 子字段。丛书的各种数字型分丛编编号在 $h 子字段客观照录。

例:2252# $a 分析化学丛书 $h 第三辑 $v1

＄i 分丛编题名(可选用,可重复)

分丛编题名著录于＄i 子字段,并在 410 字段做连接。

例:2252#＄a 爱亚作品集＄h04＄i 美丽人生篇

410#0＄12001#＄a 爱亚作品集＄h04＄i 美丽人生篇

＄v 卷标识(可选用,可重复)

卷标识对应于丛编中的具体一卷,著录于＄v 子字段。在著录时采用阿拉伯数字替代其他形式的数字或由文字拼写的数字。

＄x 丛编的 ISSN(可选用,可重复)

著录丛编的国际标准连续出版物号(ISSN),由 8 位数字表示,第 4 - 5 位数字之间为一个连字符。"ISSN"四个字母可省略,输出时由系统自动生成。

＄z 并列题名语种(可选用,可重复)

著录并列题名的语种代码,本子字段总是位于本字段的尾部。

3XX 附注块

本附注块是对由于各种原因不能在其他各项中著录的信息的辅助说明。

3XX 字段除个别字段是格式化的说明外,大多数可自由行文,行文尽量统一、规范。不同的附注使用不同的 3XX 字段。

在 3XX 字段中,除 321 和 327 字段外,其他字段均可重复,且均只有一个子字段＄a。

指示符

除 321 和 327 字段外,其他字段指示符未定义,空位。

300　一般性附注

301　标识号附注

302　编码信息附注

303　著录信息一般性附注

304　题名与责任说明附注

305　版本与书目沿革附注

306　出版发行附注

307　载体形态附注

308　丛编附注

310　装订及获得方式附注

311　连接字段附注

312　相关题名附注

313　主题附注

314　知识责任附注

315　资料(或出版物)类型附注

316　现有复本附注

317　出处附注

318　保护操作附注

320　文献内书目、索引附注

321　文献外索引、摘要和参考书目附注

322　制作者附注(投影和录像资料及录音)

323　演出者附注(投影和录像资料及录音)

324　原作版本附注

325　复制品附注

326　出版周期附注(连续出版物)

327　内容附注

328　学位论文附注

330　提要或文摘附注

332　引文

333　使用对象附注

336　电子资源类型附注

337　系统需求附注(电子资源)

345　采访信息附注

316 – 318 字段主要用于古籍

300 字段　一般性附注

本字段著录书目文献或其相关记录的任何方面的附注,可以采用自由行文或文献上的原文,有专指字段则不用 300 字段。

本字段可重复,指示符未定义。

子字段

＄a 附注内容,不可重复。

例:300##＄a 国家社会科学基金资助项目

例:300##＄a 附录为相关法律条文

303 字段　著录信息的一般性附注

本字段可重复,指示符未定义。

子字段

＄a 附注内容,不可重复。

连续出版物若非依据起始卷著录,则将著录依据记入 303 字段。

例:303##＄a 据 1992 年第 3 辑著录

304 字段　题名与责任说明附注

本字段可重复,指示符未定义。

子字段

＄a 附注内容,不可重复。

本字段是关于题名/或责任说明的有关附注。主要用于说明题名的出处、著录时的省略或责任说明的变化等。

例:304##＄a 正题名取自封面

例:304##＄a 还有蒙文并列题名

注:蒙文并列题名未著录。

当作品有三个以上责任者时,200 字段未著录的责任者在 304 字段说明。

例:2001#＄a 跨越太平洋＄e 中美首脑外交五十年＄f 郑剑…[等]著

304##＄a 其余责任者:贾都强,汪徐和,曾伏华。

701#0＄a 郑剑＄4 著

701#0 $a贾都强$4著

701#0 $a汪徐和$4著

701#0 $a曾伏华$4著

没有记入200字段的有关知识责任的附注在314字段著录。

305字段　版本与书目沿革附注

本字段可重复,指示符未定义。

子字段

$a附注内容,不可重复。

本字段是有关文献的版本的出处、该出版物与其他出版物或其他版本的关系等的附注,主要用于说明作品版本的历史概况。

例:305##$a译自原书第6版

题名与责任者说明	200	1	▪a人生最美妙的事都是免费的▪Aren sheng zui mei miao de shi dou shi mian fei de▪e专注生活积极面, 发现身边小幸福▪f(加)尼尔·帕斯理查著▪g冯倩珠, 武秀译
出版发行项	210		▪a北京▪c现代出版社▪d2014
载体形态项	215		▪a278页, [3页]图版▪c彩图▪d21cm
一般性附注	300		▪a靠近我, 温暖你
版本书目史注	305		▪a由Neil Pasricha通过Andrew Nurnberg Associates International Ltd.授权出版

关于在编文献的版本及书目沿革的附注入305字段,如在编文献的原版本信息等,著录为:305##$a本书原由商务印书馆1964年出版。需要注意的是,摹真品(影印)的版本信息用324字段,而非305字段。如324##$a本书据上海开明书店1937年版影印。

306字段　出版发行附注

本字段可重复,指示符未定义。

子字段

$a附注内容,不可重复。

本字段是有关文献的其他出版者或发行者的细节的附注,主要用于说明未记入210字段的有关作品出版、发行方面的内容。

例:306##$a与威斯康辛大学医学院、Milbank纪念基金会合作出版。

例:306##$a内部发行

例:306## $ a 由 xx 国 xx 出版社授权出版

307 字段　载体形态附注

本字段可重复,指示符未定义。

子字段

$ a 附注内容,不可重复。

本字段包括未记入 215 字段的有关作品载体形态方面的内容。

例:307## $ a2016 年第 5 次印刷,268 页

例:307## $ a2008 年前尺寸为 20cm

308 字段　丛编附注

本字段可重复,指示符未定义。

子字段

$ a 附注内容,不可重复。

本字段著录未记入 225 字段的有关出版物丛编方面的说明信息。

例:308## $ a 第 1 - 4 卷封面另题:红狐狸丛书

310 字段　装订及获得方式附注

本字段可重复,指示符未定义。

子字段

$ a 附注内容,不可重复。

本字段是对出版物的装订、印数、获得方式、价格等的说明。

例:310## $ a 本书单页印刷,装订在上方。

例:310## $ a2005 年重印为精装,价格为 CNY68. 00

311 字段　连接字段附注

本字段可重复,指示符未定义。

子字段

$ a 附注内容,不可重复。

311字段包含与4XX连接块有关的附注信息。

4XX字段的数据可以在显示时生成附注,如果从4XX字段生成的附注不能充分说明相关的文献,可以在311字段附注说明。当被编目作品与488字段中提到的作品有关系时,由于488字段不专指,应将相关信息记录在311字段中进行说明。

例:2001# \$ a 古今注 \$ f(晋)#崔豹撰 \$ g 焦杰校点#…

311## \$ a 本书与:中华古今注#/#(五代)马缟撰.#封氏闻见记#/#(唐)封演撰.#资暇集#/#(唐)李匡义撰.#刊误#/#(唐)李涪撰.#苏氏演义#/#(唐)苏鹗撰.#兼明书#/#(五代)丘光庭撰#合订一册。

423#0 \$ 12001# \$ a 中华古今注 \$ 1701#0 \$ a 马缟

423#0 \$ 12001# \$ a 封氏闻见记 \$ 1701#0 \$ a 封演

423#0 \$ 12001# \$ a 资暇集 \$ 1701#0 \$ a 李匡义

423#0 \$ 12001# \$ a 刊误 \$ 1701#0 \$ a 李涪

423#0 \$ 12001# \$ a 苏氏演义 \$ 1701#0 \$ a 苏鹗

423#0 \$ 12001# \$ a 兼明书 \$ 1701#0 \$ a 丘光庭

注:该在编文献为合订作品。

例:2001# \$ a 昆虫病毒分子生物学

311## \$ a 本书是《昆虫病毒与昆虫病毒病》的姊妹篇。

488#0 \$ 12001# \$ a 昆虫病毒与昆虫病毒病

312字段　相关题名附注

本字段可重复,指示符未定义。

子字段

\$ a 附注内容,不可重复。

本字段是关于题名信息的辅助说明。

例:2001# \$ a 大卫·奥格威自传

312## \$ a 封面上还有副题名:广告大师的人生告白

5171# \$ a 广告大师的人生告白

在编文献题名页之外其他信息源出现的题名文字和说明的附注著录在 312 字段。

314 字段　知识责任附注

本字段可重复,指示符未定义。

子字段

$a 附注内容,不可重复。

本字段是对作品知识责任的附注,是对应 7XX 字段的附注,其规范形式可以取自出版物本身,也可取自其他信息源。本附注与文献的知识责任有关,与责任说明无关。

例:责任者附注　　　　314　■a严歌苓,1958年生于上海,作家。好莱坞编剧协会会员。

以下几种附注可著录在 314 字段:

1、当责任者信息未出现在题名页时,将责任者和责任方式著录在 314 字段,如"本卷主编 XXX";

2、当外国责任者的中译姓在 200 $f(或 4g)的描述形式与 70X 字段的规范标目形式不同时,在 314 字段描述责任者规范的汉译姓;

例:2001# $a 奋斗史 $f(美)#B. #Franklin

314## $a 责任者规范汉译姓:富兰克林。

701#1 $a 富兰克 $g(Franklin,#Benjamin), $f1706 – 1790 $4 著

3、有关会议的附注著录在本字段。如原书是会议论文集,但题名页未能明确表明,则在 314 字段描述"本书为在 xx 地 xx 年召开的 xx 会议的论文集"。

例:在编文献题名为《改革开放与刑法发展》,此书是中国法学会刑法研究会 1992 年学术研讨会的论文集,但文献题名并没有反映这一点,因此在 314 字段做会议附注,形式为:

314## $a 本书为中国法学会刑法研究会 1992 年在西安召开的学术研讨会的论文集。

320 字段　文献内书目、索引附注

本字段可重复,指示符未定义。

子字段

＄a 附注内容,不可重复。

本字段著录文献内部是否含书目、索引以及书目的页码。

例:105## ＄ay###a###001yy

320## ＄a 有书目(第 326 - 328 页)和索引

324 字段　原作版本附注

本字段不可重复,指示符未定义。

子字段

＄a 附注内容,不可重复。

本字段是用来描述复制品原作的,在编文献为复制品。

例:324## ＄a 影印自:明嘉靖壬午刻本。

327 字段　内容附注

本字段不可重复。

指示符

指示符 1:完整程度指示符

本指示符说明本字段的附注是否完整地记录了文献的内容

0 内容附注是不完整的

1 内容附注是完整

指示符 2:未定义,空位

子字段

＄a 附注内容,可重复

在编文献的内容附注著录在 327 字段。若在编文献的有多个组成部分,则将其各个组成部分分别著录在 327 字段的各个 ＄a 子字段中,各 ＄a 子字段间用“;”或“.”隔开。(各 ＄a 子字段内容中,仅有组成部分的题名时,用“;”,若各组成部分既有题名又有责任者时,用“.”。

例:3271# ＄a 王子复仇记#;＄a 罗密欧与朱莉叶#;＄a 第十二夜.

328 字段　学位论文附注

本字段可重复,指示符未定义。

子字段

＄a 附注内容,不可重复。

本字段是当在编文献为学位论文时的附注。注意:以正式出版物形式出版的学位论文,应当作普通图书著录,不再使用 328 字段。

例:328## ＄a 学位论文(硕士) - - 武汉大学,2015

此时 105 字段 4 - 7 字符位的"内容特征代码"选"m - 学位论文"。

330 字段　提要或文摘附注

本字段可重复,指示符未定义。

子字段

＄a 附注内容,不可重复。

330 字段是用来记录在编文献的提要或文摘的。本字段可输入多种类型的提要或文摘,可以是介绍性的、指示性的、批评性的、评论性的或是评价性的。当有多语种提要均有必要著录时,可以重复使用本字段。

333 字段　用户/使用对象附注

本字段可重复,指示符未定义。

子字段

＄a 附注内容,不可重复。

333 字段是对文献的用户或文献使用对象的说明。当在编文献中明确表示出使用对象时,应在此字段进行说明。可以使用文献上的行文,也可自由行文。

本字段自动生成导语,不用录入"读者对象"、"使用对象"等导语。

版本书目史注	305	▇a据2004年英文版译出
出版发行项注	306	▇a中文版权2015上海读客图书有限公司，经授权，上海读客图书有限公司拥有本书的中文简体版权。
责任者附注	314	▇a朱迪·皮考特（Jodi Picoult），美国作者实力排行榜永远的第1名，连续8年夺得《纽约时报》畅销书排行榜第1名，连续5年入选"全美最受欢迎作家"。
提要、文摘附注	330	▇a本书讲述：安娜的姐姐凯特两岁时罹患严重的急性早幼粒细胞白血病，安娜的父母为了给凯特治病，通过先进的基因技术孕育并生下了与凯特的基因完美配型的小女儿安娜。从第一管脐带血开始，十三年来，安娜不断地向凯特捐献出脐带血、白血球、干细胞、骨髓。现在，凯特的肾功能衰竭，父母要求安娜捐献一个肾脏给姐姐，无法忍受再被当成药罐的安娜决定反击她的父母。
使用对象附注	333	▇a本书适用于小说爱好者

说明：

著录项目中出现的表外字的描述性附注著录在393字段。其描述形式可以有以下几种：

393## $ atao = 陶（－）阝（表示陶字去掉左边的阝，其中用（－）表示去掉汉字中的某部分）

393## $ acheng = 微（彳→氵）（表示将彳更换为氵，其中用→来表示更换部件，→区位0190）

393## $ alian = 帘（繁）（表示用帘的繁体）

393## $ azui = 山（左）罪（右）（表示左右结构。对于字型较复杂的结构，可按照左上、左下、右上、右下的顺序描述）

393## $ aling = 竹（上）令（下）（表示上下结构，对于字型较复杂的结构，按照上左、上右、下左、下右的顺序描述）

4XX 款目连接块

连接字段的涵义与功能：

连接字段主要用于连接与在编文献实体有关的其他实体的记录；

当无被连文献的记录时，用于标识被连文献实体本身；

在一条记录中可以包括多个连接字段，每个连接字段均连接一个不同的记录；

连接字段中的数据内容，应当足够标识被连记录，或当无被连文献记录时，应当足够标识被连文献实体本身。

410　丛编

411　附属丛编

421　补编、增刊

422　正编、正刊

423　合订、合刊

430　继承

431　部分继承

432　替代

433　部分替代

434　吸收

435　部分吸收

436　由……，……和……合并而成

437　分自

430-436 这些字段的划分最初是由 ISDS 提出的，ISDS 已不再使用"替代"、"部分替代"、"分自"，取而代之的是"继承"和"部分继承"。

440　由……继承

441　由……部分继承

442　由……替代

443　由……部分替代

444　并入

445　部分并入

446　分成……，……和……

447　与……，……合并而成……

448　改回

451　同一载体其他版本

452　不同载体的其他版本

453　译为

454 译自

455 复印自

456 复制为

461 总集

462 分集

463 单册

464 单册分析

470 被评论作品

481 还装订有……

482 与……合装

488 其他相关作品

适用于图书编目的字段主要有:410、4ll、421、422、423、430、440、451、452、461、462 和 488 字段:

连接方式有嵌入子字段技术和标准子字段技术。

指示符

指示符 1:未定义,空格。

指示符 2:附注指示符。

用以标识提供记录的机构是否利用此字段的数据产生附注;

0 不作附注

l 作附注

嵌入字段技术

使用 $l 子字段嵌套被连接记录的特征;

每个 $l 子字段内均包含被嵌套记录特征字段的字段标识符、指示符、子字段标识符和内容;

$l 字段可重复;

当被连接记录的特征是一个完整字段(含两个以上子字段时),这些特征嵌入在同一个 $l 中;

当被连接记录的特征是几个字段时,使用重复的 $l 嵌入不同的字段内容;

当被连接记录有多个时,用不同的 4XX 字段进行连接。

例:311##＄a本书与同济大学《高等数学》第5版配套使用。

488#0＄12001#＄a高等数学＄1205##＄a第5版＄171l102＄a同济大学队应用数学系

注:与同济大学应用数学系主编的《高等数学》第5版配套使用的参考书的记录中,用488字段连接原书记录。在488字段中嵌入了原书的题名、作者、版本信息。

410字段　丛编

本字段用于实现著录实体与含有该实体的丛编的连接,当200字段所著录的图书是某丛编的一个单册时,用本字段来实现其与丛编的向上连接。

本字段有则必备,可重复;

若在编文献只有主丛编,用410字段连接主丛编题名;若有卷标识,则需同时连接＄v卷标识;

例:410#0＄12001#＄a中国历史文化名城丛书

410#0＄12001#＄a中国历史小丛书＄v第121种

410#0＄12001#＄a万有文库＄h第一集＄v126

若在编文献既有主丛编,又有分丛编,则用一个410字段完成对主丛编和分丛编的连接;

例:2252#＄a经济发展研究书系＄i世界经济发展研究论丛

410#0＄12001#＄a经济发展研究书系＄i世界经济发展研究论丛

若在编文献隶属于多个丛编,则重复225字段分别著录丛编名,并使用不同的410字段进行连接。

例:2252#＄a万有文库＄h第二集＄v669

2252#＄a国学基本丛书

410#0＄12001#＄a万有文库＄h第二集＄v669

410#0＄12001#＄a国学基本丛书

410字段记录的是规范的丛编统一题名,是丛编题名的检索点,而225字段记录的是出现在文献上的丛编题名。

从225字段的指示符,可以判断出410字段是否出现,以及丛编统一题名和

225 字段题名是否一致:如果著录在 225 字段的丛编题名无检索意义,则 225 字段指示符为"1#";并且不用 410 字段作连接,也不做规范记录。

2251#＄a 犀牛丛书

当从编题名中含有标点、符号、数字、外文字母及其起语法标点作用的空位,225 字段客观照录,410 字段规范丛编题名中也应予以保留,这时 225 字段指示符应选"2#";两者的确不同时,225 指示符选"03"。

由于 CALIS 联合目录不建丛编的高层记录,因此 410 字段不可能连接记录控制号;同时要求一律用 410 字段作丛编的连接,而不采用 461 和 462 字段(注意将套录记录中的 461、462 字段修改为 410 字段):

CALIS 联合目录规定,在中文图书记录中,当有 410 字段时,头标 05—08 字符位的值为"nam#"。

421 字段　补编、增刊

当编目文献是正编或正刊时,本字段用于实现该记录与其补编、增刊记录的连接:

本字段有则必备,可重复;

当增刊或补编有独立记录时,才需要使用本字段;

当一条记录中出现 421 字段时,其所连接的另一条记录中应具备一个相应的 422 字段连接正编、正刊记录。

422 字段　正编、正刊

当编目文献是补编或增刊时,本字段用于实现该记录与其正编、正刊的连接;

本字段有则必备,可重复;

当一条记录中出现 422 字段时,其所连接的另一条记录中应具备一个相应的 421 字段连接补编、增刊记录。

例:2001#＄a 北平和平解放前后

311##＄a 本书有续篇《北平的和平接管》

421#1 ＄12001#＄a 北平的和平接管

例:2001#＄a 北平的和平接管

3ll##＄a 本书是《北平和平解放前后》的续篇

422#1＄12001#＄a 北平和平解放前后

注意:后者为前者的续编,在做后者记录时发现两者的关系,同时对前者记录进行补充完善。

421、422 字段的第 2 指示符取值 1 表示该字段需要生成附注导语"止编/正刊"、"补编/增刊"。

423 字段　合订、合刊

当编目文献有合订题名时,本字段用于实现著录实体与其合订在一起的另一个书目文献的连接:

本字段有则必备,可重复;

当某一文献与另一文献合订时,并不表示彼此间是补充关系,两者是并列的;

合订题名应使用 423 字段而非 517 字段,必要时,需用 3ll(连接字段附注)附注说明。有总题名的文献,其个别题名不在 423 字段作连接,而是在 517 字段提供检索点。

通常情况下,423 字段应连接合订著作的题名与责任者。

例:2001#＄a 升仙传演义＄f 倚云氏著＄c 金台全传＄f 瘦秋山人著

423#0＄12001#＄a 金台全传＄1701#0＄a 瘦秋山人

430 字段　继承

本字段用于实现所编文献与其先前题名的连接。主要在连续出版物改名后,为新题名建立记录时使用,用于连接其先前的题名。同时对先前题名的记录进行维护更新,将 210 字段的＄d 封口,增加 440 字段。

本字段有则必备,可重复。

440 字段　由……继承

本字段主要用于实现所编文献与其后续题名的连接。在连续出版物改名后,对先前题名进行维护时使用,用于连接其后续的题名。

本字段有则必备,可重复。

其第 2 指示符通常取 l,用于自动生成导语"改名:"。

430 第 2 指示符通常取为 l,用于自动生成导语"继承:"。

例:2001#＄a 天津年鉴

210##＄a 天津＄c 天津人民出版社＄d2000 –

311##＄a 本年鉴的前身是《天津经济年鉴》,2000 年改名为《天津年鉴》

430#1＄12001#＄a 天津经济年鉴＄1210##＄d1986 – 1999

例:2001#＄a 天津经济年鉴

210##＄a 天津＄c 天津人民出版社＄d1986 – 1999

440#1＄12001#＄a 天津年鉴＄1210##＄d2000 –

451 字段　同一载体的其他版本

本字段用于实现编目实体与其同一载体的不同版本的连接,如不同语种的其他印刷版本、简繁两种字体的印刷版本、原版与再版或修订版的印刷版本等。

编目文献与其同一载体的相关文献之间是平行关系。

本字段可选用,可重复

例:2001#＄a 杨国亮皮肤病学＄f 主编王侠生,廖康煌

205#＄a 再版＄b 修订本

311##＄a 本书第一版题名为:《现代皮肤病学》由杨国亮,王侠生主编

451#0＄12001#＄a 现代皮肤病学＄1210##＄a 上海＄c 上海医科大学出版社＄d1996＄1701#0＄a 杨国亮

452 字段　不同载体的其他版本

本字段用于实现编目实体与不同载体的其他版本的连接,如印刷型图书的缩微制品版本、普通印刷版与盲文版的连接。

编目文献与其不同载体的其他版本之间是平行关系。

本字段可选用,可重复。

与图书带附件相区别:图书带附件多为同时出版,内容相关,配套使用。452 字段多为内容相同,可单独使用;

与 856 字段相区别:856 字段限于电子形式出版,且内容可能与在编文献不

同,452 字段出版形式不限于电子版,内容基本相同。某些时候两者也可配合使用。

例:2001# $ a 学说韩语 $ f 扶忠汉著

311## $ a 本书另以录音带形式出版

451#0 $ 12001# $ a 学说韩语 $ b 录音资料

454 字段　译自

当在编文献为译著时用本字段连接本著录实体的原著。

454 字段被嵌套的是有关译著的原文或中间文种著作的题名、版本说明、责任者等数据字段,因此,其中不可夹杂中文信息。

若在编文献由中间语种译出,在规定信息源中提供了中间语种的书目信息,则用 454 字段连接中间语种的题名与责任者;若提供的是原文文献而非中间语种的书目信息,此时不用 454 字段,如果规定信息源中同时提供了中间语种和原文文献两种书目信息,则用 454 字段连接中间语种的书目数据,用 510 字段为原文文献做题名检索点。

461 字段　总集

本字段用于实现对总集一级实体的连接,被连接的实体处于总集级,包含本字段的记录处于单册或分集级。

本字段可重复。

编目文献与其总集之间是层次关系,一个单册或分集对总集的连接总是向上的连接。

CALIS 联合目录规定不采用本字段。

462 字段　分集

本字段用于实现对分集一级实体的连接。

本字段可重复。

被连接的实体处于分集级,包含本字段的记录处于单册、分集或总集级。

本字段一般用于单册或分集记录中,向上连接到更高的层级,唯一向下连接的情况是总集下连分集,由于总集在等级中处于最高层,所以向下连接。

　　CALIS 联合目录规定不采用本字段。

488 字段　其他相关作品

　　本字段用于当在编文献与其他文献之间存在某种关系,而 4XX 块又无更专指的字段描述这种关系时,如配套教材或教学参考书等。

　　本字段可选用,可重复。

　　由于关系特征未说明,本字段不能用来产生附注,第二指示符取"0"。

　　涉及在编文献与 488 描述文献间关系的附注,在 311 字段反映。

　　例:2001# $ a 昆虫病毒分子生物学

　　311## $ a 本书是《昆虫病毒与昆虫病毒病》的姊妹篇。

　　488#0 $ 12001# $ a 昆虫病毒与昆虫病毒病

5XX　相关题名块

　　本信息块用于著录正题名以外的与在编文献有关的题名。这些题名不一定都出现在题名页,且与正题名的形式有所不同,但都具有检索意义,是正题名的补充检索点。

　　500　统一题名

　　501　作品集统一题名

　　503　统一惯用标目

　　510　并列正题名

　　512　封面题名

　　513　附加题名页题名

　　514　卷端题名

　　515　逐页题名

　　516　书脊题名

　　517　其他题名

　　518　现行标准拼写形式的题名

　　520　前题名(适用于连续出版物)

530　识别题名(适用于连续出版物)

531　缩略题名(适用于连续出版物)

532　展开题名(适用于连续出版物)

540　编目员补充的附加题名

541　编目员补充的翻译题名

545　章节题名

中文图书编目常用字段:500、510、512、517,510－517 字段均可重复。

关于指示符:多数 5XX 字段的第一指示符说明编目机构是否用该题名建立独立的题名检索点,如果在 5XX 字段生成独立的题名检索点,则指示符 1 取值"1",如果无须生成检索点,则取值"0"。

关于子字段:510－541 字段可用 510 字段的子字段。

500 字段　统一题名

统一题名,是为了在目录中识别某一种著作而在编目时选定的一个最普遍为人所知的题名。具有把同一著作集中起来,不同著作区分开来的作用,可重复。

500 字段可用于原著,也可用于译著,但应选用其习见题名作为统一题名。

为使该题名取得唯一性,可以对其附加一些数据元素。

著名的古典文献、古今的经典著作,广泛流传于民间的佚名著作以及有较多版本的原著、译著等都可以用统一题名集中。

指示符

指示符 1:说明统一题名是否作为独立的题名检索点处理

0　统一题名不作检索点

1　统一题名作检索点

指示符 2:主款目指示符

0　统一题名不作主款目

1　统一题名作主款目

编目条例不承认主款目概念的,可使用"0"。

本字段的指示符通常为:"10",统一题名有检索意义,不是主要款目。

子字段表

子字段标识符	描述	注释
$ a	统一题名	必备,不可重复
$ b	一般资料标识	可重复
$ h	分辑号	可重复
$ i	分辑名称	可重复
$ j	形式复分	可重复
$ k	出版日期	不可重复
$ l	形式副标目	不可重复
$ m	作品语种	不可重复
$ n	其它信息	可重复
$ q	版次	不可重复
$ r	演奏媒体(音乐用)	可重复
$ s	序号标识(音乐用)	可重复
$ u	调号(音乐用)	不可重复
$ v	卷标识	不可重复
$ w	改编乐曲说明(音乐用)	不可重复
$ x	主题复分	可重复
$ y	地理复分	可重复
$ z	年代复分	可重复

本字段共设 18 个子字段,著录时根据在编文献的具体情况选用相应的子字段。

例:2001# $ a 石头记 $ f 曹雪芹著

50010 $ a 红楼梦

例:2001# $ a 假如明天来临

50010 $ aIf tomorrow comes $ mChinese

2001# $ a 倘若明天来临

50010 $ aIf tomorrow comes $ mChinese

2001# $ a 有朝一日

50010 $ aIf tomorrow comes $ mChinese

510 字段　并列正题名

不同语言或文字的正题名,可重复。

不属于统一题名的并列正题名,一般应在 510 字段提供检索点,但出现在附加题名页者除外(直接用 513 字段提供检索点)。

译著的原文题名,无论出自何处,均应在 500 字段提供统一题名检索点。

并列正题名前的不排序字符应略去。若有多个并列正题名,重复 510 字段。

指示符

指示符1:说明是否用并列题名生成检索点。

　　0 并列题名不作检索点

　　1 并列题名作检索点

指示符 2:未定义,空位。

本字段的指示符通常为:"1#"。

子字段表

子字段标识符	描述	注释
$ a	并列题名	必备,不可重复
$ e	其他题名信息	可重复
$ h	分辑号	可重复
$ i	分辑名	可重复
$ j	与题名有关的卷号或日期	不可重复
$ n	其他信息	不可重复
$ z	题名语种	不可重复

题名与责任者说明	200	1	■a再平衡■Azai ping heng■e新大国时代, 中美自由贸易何去何从■f(美) C. 弗雷德·伯格斯滕, 加里·克莱德·赫夫鲍尔, 肖恩·麦纳著■d= Bridging the pacific■etoward free trade and investment between China and the United States■fC. Fred Bergsten, Gary Clyde Hufbauer, Sean Miner■g丁振辉, 张慧敏译■zeng
出版发行项	210		■a北京■c机械工业出版社■d2016
载体形态项	215		■axiv, 355页■d25cm
责任者附注	314		■aMiner规范含义姓: 迈纳
书目附注	320		■a有书目
提要、文摘附注	330		■a本书从宏观视角论述了中美之间达成双边自由贸易和投资协定的必要性, 提出中国和美国将从双边自由贸易和投资协议中不断地获益。并从关税、农业、金融、知识产权、环境政策等各个方面进行解读。
统一题名	500	10	■aBridging the pacific : toward free trade and investment between China and the United States■mChinese
其它题名	517	1	■a新大国时代, 中美自由贸易何去何从■Axin da guo shi dai, zhong mei zi you mao yi he qu he cong

题名与责任者说明	200	1	■a社区商务方式■AShe Qu Shang Wu Fang Shi■d= Community business mode■e小米全景案例■f张兴旺著■zeng
出版发行项	210		■a北京■c机械工业出版社■d2015
载体形态项	215		■aXVIII, 159页■c彩图■d25cm
丛编项	225	2	■a包子堂系列丛书■ABao Zi Tang Xi Lie Cong Shu■v6
一般性附注	300		■a彩图版 华章经管
提要、文摘附注	330		■a本书内容包括: 小米社区商务方式的本质——构建用户一体化关系, 掌控流量; 小米社区的构建策略和构建一体化关系的手段; 小米的社区商务组织结构和职能创新; 小米社区用户的管理。
丛编	410	0	■12001 ■a包子堂系列丛书■v6
并列正题名	510	1	■aCommunity business mode■zeng
其它题名	517	1	■a小米全景案例■AXiao Mi Quan Jing An Li

两例的 200 字段中都有 $d 子字段, 因为《再平衡》一书是译著, 英文题名用 500 字段建立检索点,《社区商务方式》一书非译著, 英文题名用 510 字段建立检索点。

若并列题名未出现在题名页上, 还应在 312 字段提供并列题名附注。

编目实例:

题名与责任者说明	200	1	■a碳排放交易市场与制度设计■Atan pai fang jiao yi shi chang yu zhi du she ji■f史学瀛, 李树成, 潘晓滨著
出版发行项	210		■a天津■c南开大学出版社■d2014
载体形态项	215		■a[12], 409页■c图, 地图■d23cm
一般性附注	300		■a中国清洁发展机制基金赠款项目"关于进行碳强度减排、将天津滨海新区建成低碳经济示范区的试点方案与配套政策研究"资助
相关题名附注	312		■a英文并列题名取自封面
书目附注	320		■a有书目 (第401-409页)
提要、文摘附注	330		■a本书介绍和分析全球碳市场的现状和发展趋势, 采用比较研究的方法, 研究分析各种类型排放交易市场和制度在实践中的利弊得失。
并列正题名	510	1	■aCarbon emissions trading market and the system design■zeng

512 字段 封面题名

出现在文献封面上、与 200 字段正题名形式不同的题名,在 512 字段生成检索点。

指示符、子字段定义同 510 字段。

编目实例:

题名与责任者说明	200	1	■a中国共产党红色里程盛会要览■Azhong guo gong chan dang hong se li cheng sheng hui yao lan■f邵维正,郎炳信主编
出版发行项	210		■a北京■c解放军出版社■d2002
载体形态项	215		■a422页■c图,摹真■d21cm
封面题名	512	1	■a文图并说中国共产党红色里程盛会要览■Awen tu bing shuo zhong guo gong chan dang hong se li cheng sheng hui yao lan

513 字段 附加题名页题名

出现在文献附加题名页上的与正题名相对应的另一种文字的题名(译著原文题名除外),直接在 513 字段提供检索点。

指示符、子字段定义同 510 字段。

例:2001# $ a 数学物理方法 $ f 吴崇试编著

5131# $ aMethods of Mathematical Physics

514 字段 卷端题名

出现在文献正文第一页起始处即卷端,与 200 字段正题名形式不同的卷端题名,在 514 字段生成检索点。

指示符、子字段定义同 510 字段。

例:2001# $ a 新文学史笔记

5141# $ a 新文学史讲授纪录

5181# $ a 新文学史笔记

515 字段 逐页题名

出现在文献各页的顶部或底部,或直排于书刊翻口处的中缝,与正题名形式有很大区别的逐页题名,在 515 字段生成检索点。

指示符、子字段定义同 510 字段。

例:2001#＄a 历年来重要宣言及决议案

5151#＄a 中国国民党历年来之重要宣言

516 字段　书脊题名

出现在文献的书脊,与 200 字段正题名形式不同的书脊题名,在 516 字段生成检索点。

指示符、子字段定义同 510 字段。

编目实例:

书脊题名	516	1	■a2017 MBA MPA MPAcc联考与经济类联考写作精点 ■A2017 MBA/MPA/MPAcc/ lian kao tong bu fu xi zhi dao xi lie shu xue ying shi ji qiao gong lüe

517 字段　其他题名信息

凡 510 -516 字段或 518 字段未定义的、在编文献上出现的其他题名,如版权页题名、书套题名、装订题名、副题名、分卷题名、综合著录的丛书或多卷书的子目等,如果具有独立的检索意义,对揭示文献内容有意义,则应在 517 字段生成检索点。

指示符、子字段定义同 510 字段。

517 字段不能生成导语。

编目实例:

题名与责任者说明	200	1	■a众创空间■AZhong Chuang Kong Jian■e从"奇思妙想"到"极致产品"■f刘志迎, 徐毅, 洪进著
出版发行项	210		■a北京■c机械工业出版社■d2016
载体形态项	215		■a250页■d24cm
一般性附注	300		■a华章经管
书目附注	320		■a有书目 (第237-248页)
提要、文摘附注	330		■a本书以科普性、可读性、故事性和趣味性的形式, 解读了众创空间 (也称创客空间) 的基本原理和发展模式, 探讨了Web2.0时代创新2.0的新形式, 提出了创新民主化时代到来后创新模式的转化、开放式创新的全面形成和展开, 剖析了人的创新本性, 探究了沟通方式变革、创意分享、研发创新、美妙产品生产、个性化定制模式、创新项目融资等理论和实践问题, 全面描绘了众创空间的形成、特征及其内在动因和未来发展走向, 最后, 也提出了一些政策取向和建议。
其它题名	517	1	■a从"奇思妙想"到"极致产品"■ACong " Qi Si Miao Xiang" Dao " Ji Zhi Chan Pin"

518 字段　现行标准拼写形式的题名

本字段包括用现行标准形式拼写的题名或题名中单独的词语或其他不同的题名,可提供附注和检索点,不可重复。

指示符、子字段定义同 510 字段。

例:2001# $ a 新文学史笔记

5141# $ a 新文学史讲授纪录

5181# $ a 新文学史笔记

532 字段　展开题名

当在编文献的正题名或识别题名包含首字母缩写、缩写词、数字或符号时,用 532 字段为其展开形式的题名作检索点,可重复。

指示符

指示符 1:题名检索意义指示符

　　0 无检索意义

　　1 有检索意义

指示符 2:展开类型指示符

　　0 首字母缩略词

　　1 数字

　　2 缩写词

　　3 其它非罗马字符等

子字段表

子字段标识符	描述	注释
$ a	展开题名	必备,不可重复
$ z	题名语言	不可重复

例:2001#| $ aASP 3.0 网络开发技术 $ f 杨威编著

53210 $ |aActive Server Pages 3.0 网络开发技术

注意:因 CALIS 联合目录数据库所用系统软件能够在检索时实现数字形式与文字形式自动转换,因此,将数字形式展开为文字形式的展开题名可不做 532。为人熟知的缩写词如 TOEFL、GRE 等可不做 532。

6XX　主题分析块

本信息块著录的是根据不同体系（包括主题法和分类法）构成的文献的主题数据。

600　名称主题

601　团体名称主题

602　家族名称主题

604　名称和题名主题

605　题名主题

606　学科名称主题

607　地理名称主题

608　形式、类型或物理特性标目

610　非控主题词

620　出版地、制作地检索点

660　地区代码（GAC）

661　年代范围代码

670　保留词间关系标引法（PRECIS）

675　国际十进分类法分类号（UDS）

676　杜威十进分类法分类号（DDS）

680　美国国会图书馆分类法分类号

686　其他分类号

690　中国图书馆图书分类法分类号（CLC）

692　中国科学院图书分类法分类号

中文图书常用字段：600、601、602、604、605、606、607、610、690

600 字段　个人名称主题

若在编文献所论述的中心主题是某个人或某些人时，可将个人名称作为主题记录在 600 字段，该名称以检索点形式出现。

本字段选择使用,可重复。

指示符

指示符1:未定义,空位。

指示符2:名称形式指示符

　　0 名称按直序方式(即西方人在姓之前的名)著录

　　1 名称按倒序方式(即按姓)著录

子字段表

子字段标识符	描述	注释
$a	款目要素	必备,不可重复
$b	名称的其余部分	不可重复
$c	名称附加(不包括年代)	可重复
$d	世次(罗马数字)	不可重复
$f	年代(包括朝代)	不可重复
$g	首字母名的展开形式	不可重复
$j	形式复分	可重复
$x	学科主题复分	可重复
$y	地区复分	可重复
$z	年代复分	可重复
$2	系统代码	不可重复

例:

| 个人名称主题 | 600 | 1 | ▮a乔布斯▮Aqiao bu si▮g(Jobs, Steve),▮F1955-2011▮x传记 |
| 学科名称主题 | 606 | 0 | ▮a企业家▮Aqi ye jia▮x传记▮y美国▮z当代 |

| 个人名称主题 | 600 | 0 | ▮a费孝通,▮AFei Xiao Tong▮f1910-2005▮x思想评论 |
| 学科名称主题 | 606 | 0 | ▮a,思想史▮ASi Xiang Shi▮x研究▮y中国▮z近代 |

说明:本字段用于记录用作主题的个人名称标目,这些标目的结构与对文献内容负责的个人名称的标目的结构相同 $a、$b、$c、$d 和 $f 子字段的形式与70X 字段中相对应的子字段的形式相同。不同的是:本字段可以含有比个人名称和名称附加更多的内容,这些添加的名词术语以及所有这些子字段的顺序,应遵

循所用的主题标目系统或主题词表的规定。

601 字段 团体名称主题

若在编文献的主题为团体名称或会议名称时,将其著录在 601 字段,该名称以检索点形式出现,与 71X 字段团体/会议名称规范形式保持一致。

本字段选择使用,可重复。

指示符

指示符1:会议指示符

    0 团体名称

    1 会议

指示符 2:名称形式指示符

    0 倒置名称

团体名称或会议的第一个词以首字母缩略词开始时,用倒置形式。

1 地区名称

2 直序名称

子字段表

子字段标识符	描述	注释
$ a	款目要素	必备,不可重复
$ b	次级部分(或按地名记入的名称)	可重复
$ c	名称附加成分或修饰词	可重复
$ d	会议届次	不可重复
$ e	会议地点	不可重复
$ f	会议日期	不可重复
$ g	倒置部分	不可重复
$ h	名称其它部分	不可重复
$ x	学科主题复分	可重复
$ y	地区复分	不可重复
$ z	年代复分	不可重复

续表

子字段标识符	描述	注释
$2	系统代码	不可重复
$3	规范记录号	不可重复

例:

团体名称主题	601 02 ■a清华大学■Aqing hua da xue■x校史
学科名称主题	606 0 ■a高等学校■Agao deng xue xiao■x校史■y北京市■z1928-1935

团体名称主题	601 12 ■a奥运会■d(第29届 :■f2008 :■e北京市)■x安全管理■x研究
学科名称主题	606 0 ■a夏季奥运会■Axia ji ao yun hui■x灾害防治■x研究■y北京市

注意:只有当某会议作为在编文献的中心主题时,才设会议名称主题;若在编文献只是会议论文集,则在711字段做会议名称标目。

602字段　家族名称主题

若在编文献的主题为家族名称时,将其著录在602字段,该家族名称以检索点形式出现。本字段选择使用,可重复。

指示符

指示符1:未定义,空位。

指示符2:未定义,空位。

子字段表

子字段标识符	描述	注释
$a	款目要素	必备,不可重复
$f	年代	不可重复
$j	形式复分	可重复
$x	学科主题复分	可重复
$y	地区复分	可重复
$z	年代复分	可重复
$2	系统代码	不可重复
$3	规范记录号	不可重复

例:

| 家族名称主题 | 602 | ■a宋氏家族■y中国 |

604 字段 名称与题名主题

若有明确责任者的某部或某几部作品为在编文献的研究对象时,将其记录在604字段。本字段与4XX款目连接字段的结构相同。

本字段选择使用,可重复。

指示符

指示符1:未定义,空位。

指示符2:未定义,空位。

子字段

$1 连接数据

其著者名称记录在$1内嵌套的7XX知识责任字段,其著作名称记录在$1内嵌套的500统一题名字段。主题复分($x、$y、$z)在嵌套的500字段内。

例:《史记》与周汉文化探索

| 作者题名主题 | 604 | ■1701 0■a司马迁,■Asi ma qian■f约前145或前135-?■150010■a史记■x研究 |
| 学科名称主题 | 606 | 0 ■a文化史■Awen hua shi■x研究■y中国■z先秦时代 |

605 字段 题名主题

本字段所含的题名是该文献的一个主题,该题名可以是任何载体形式的作品题名,如舞台剧本、无线电节目等。

本字段选择使用,可重复。

指示符

指示符1:未定义,空位。

指示符2:未定义,空位

子字段表

子字段标识符	描述	注释
$ a	款目要素	必备,不可重复
$ h	章节或分卷册号	可重复
$ i	章节或分卷册名	可重复
$ k	出版日期	不可重复
$ l	形式副标目	不可重复
$ m	作品语种	不可重复
$ n	其他题名信息	可重复
$ q	版本或版本年代	不可重复
$ j	形式复分	可重复
$ x	学科主题复分	可重复
$ y	地区复分	可重复
$ z	年代复分	可重复
$ 2	系统代码	不可重复
$ 3	规范记录号	不可重复

例:

题名主题　　　　**605**　　　■a楚辞■Achu ci■x文学研究

题名主题　　|　605　　　■a圣经■Asheng jing■x文学研究■x高等学校■j教材

606 字段　学科名称主题

除名称、题名、地名之外的名词或短语作为主题标目时,记录在 606 字段。

本字段选择使用,可重复。

指示符

指示符1:主题词的级别

　　0 未制定级别

　　1 主要词

　　2 次要词

　　# 无适用的信息

如果一个术语涵盖资料的中心内容或主题,则该术语被视为主要词;如果涵盖的属不太重要的方面,则被视为次要词;如不区分主要词和次要词,则为未制定级别,取值"0"。

指示符2:未定义,空位

子字段表

子字段标识符	描述	注释
$a	款目要素	必备,不可重复
$j	形式复分	可重复
$x	学科主题复分	可重复
$y	地区复分	可重复
$z	年代复分	可重复
$2	系统代码	不可重复
$3	规范记录号	不可重复

例:

题名与责任者说明	200	1	■a杜拉拉升职记■Adu la la sheng zhi ji■d= A story of Lala`s promotion■f李可著■zeng
版本说明	205		■a第2版
出版发行项	210		■a西安■c陕西师范大学出版社■d2008
载体形态项	215		■a261页■c图■d24cm
并列正题名	510	1	■aStory of Lala`s promotion■zeng
学科名称主题	606	0	■a长篇小说■Achang pian xiao shuo■y中国■z当代

607字段　地理名称主题

主题标目为地理名称时,记录在607字段。

本字段选择使用,可重复。

指示符

指示符1:未定义,空位。

指示符2:未定义,空位。

子字段表

子字段标识符	描述	注释
$ a	款目要素	必备,不可重复
$ j	形式复分	可重复
$ x	学科主题复分	可重复
$ y	地区复分	可重复
$ z	年代复分	可重复
$ 2	系统代码	不可重复
$ 3	规范记录号	不可重复

例:

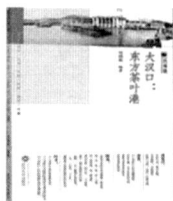

地名主题　　607　　■a武汉市(湖北省)■Awu han shi (hu bei sheng)■x地方史■z近代

地理名称标目常用查询工具及其依据顺序:

《中国分类主题词表》(第二版)

《中华人民共和国地名大词典》

《中国地名录—中华人民共和国地图集地名索引》

中华人民共和国行政区划代码(GB/T 2260—2007)

《世界地名手册》

《21 世纪世界地名录》

《辞海》

《不列颠百科全书》

在编文献

地理名称标目应注意的问题:

1. 国家一级行政区划名称标目,一般宜用其简称。

例:法兰西共和国　用　法国

2. 外国的国家下级行政区划名称标目,除国家首都外,一般需在具后的括号中用国名限定。

例:剑桥(英国)

若国名还不能识别,则再加注下一级行政区划名称。

例:都柏林(俄亥俄州,美国)

3. 我国各级地方行政区划名称标目应加上"省(自治区);市、县、区"等称谓。

例:蔡甸区(武汉市,湖北省)

4. 自然特征名称标目(江、河、湖、海、山脉等),宜用我国习见名。

例:长江三角洲

5. 词表中没有的历史地名、历史遗迹、历史遗址等均可直接采用原历史名称作为标目。

例:盘龙城(考古遗址)

610字段　非控主题词

本字段记录的主题词不是取自可控主题词表,也称自由词标引。在具体的标引实践中,有的文献用词表中的现有叙词不能准确表达文献主题,但该主题词又却又检索意义,可考虑用自由词标引。

本字段选择使用,可重复。

指示符

指示符1:主题词的级别

　　　0 未制定级别

　　　1 主要词

　　　2 次要词

指示符2:未定义,空位。

子字段

＄a 主题词 可重复。

例:

学科名称主题	606	0	∎a移动终端∎Ayi dong zhong duan∎x应用程序∎x程序设计
非控制主题词	610	0	∎aiOS 8∎AIos 8

学科名称主题	606	0	∎a图象处理软件∎Atu xiang chu li ruan jian
非控制主题词	610	0	∎aPhotoshop∎APhotoshop

注意:610 字段不能单独使用,必须先用 6XX 的其他字段进行标引,再用 610 进行补充标引。

不能将有用(Y)、代(D)关系中的非规范词选做自由词。

自由词选择不能过于随意,要遵循选词原则。

主题标引专题介绍

(一)主题标引的作用

建立主题检索系统;

用户查找、检索文献的重要途径;

直观、专指以及特征检索。

(二)主题词法及其类型,以《大学图书馆简史》一书为例

标题法   院校图书馆——历史

元词法   大学   图书馆   历史

关键词法   大学   图书馆   简史

叙词法   院校图书馆   历史

(三)叙词法

叙词(descriptor):从文献中抽出的能概括表达文献内容基本概念的名词或术语。特点:受控;概念组配

1. 叙词的概念分类

从外延分:

专指概念,反映某一特定事物的概念,只包括一个对象,如邓小平。

普通概念,反映一类事物的概念,包括许多对象的集合,如民族。

从内涵分:

具体概念,反映具体存在事物的概念,如椅子。

抽象概念,反映事物属性的概念,如稳定性。

从概念间的关系分:

属种概念,指一个概念的外延被另一个概念的外延所包含,如数学 > 高等数学。

同一概念,指外延上完全重台,并具有同义关系的两个概念,如单车,脚踏车 = 自行车。

相关概念,指有某种密切关系的两种概念,因果关系、比较关系、影响关系、应用关系等,如洪秀全 < > 太平天国。

从概念的结构分:

单一概念,表达一个完整的意思,在结构上不可再分,如雷达。

复合概念,夜结构上可以分解为两个以上分概念的概念,如高空超音速飞机 = 高空飞机 + 超音速飞机。

2. 叙词的概念组配原则

组配,即将若干概念组合起来表达一个复杂的概念。叙词具有概念特征,因此叙词对文献主题概念的揭示往往更准确。每一个叙词都是作为主题组配的一个基本概念单元被选进叙词表。其组配一般遵循以下原则:

必须概念组配,不能字面组配;

优先选用交叉组配,其后再考虑限定组配;

选用与文献主题关系房密切、最邻近的主题词组配,不能越级组配;

组配结果只能县有一个含义,不能有歧义;

可考虑上位标引或靠词标引。

主题组配次序:

主体因素(a) - 通用因素(x)—位置因素(y) - 时间因素(z) - 文献类型因素(j)

$a 主体因素 $x 方面因素 $y 空间因素 $z 时间因素 $j 文献类型因素

在编文献的主题所涉及范畴不一定全部包括这五个方面,要视具体情况而定。

(四)主题分析

根据文献中所论述主题的数量,可以将文献主题分为单主题和多主题。

单主题:只研究某一特定主题对象的文献称为单主题文献。在单主题文献中,根据主题概念的数量和关系,又可分为单元主题和复合主题。

单元主题指文献的主题只用一个主题词就能表达的主题概念。

例:《家庭点穴按摩治疗》

6060# $ a 穴位按压治疗

注:由于《汉语主题词表》无主要词和次要词之分,因此当606字段记录《汉语主题词表》的叙词时,第1指示符值总是选0。

复合主题指文献的主题由多个单元概念组合成的复杂概念。

交叉关系的复合主题:6060# $ a 建筑设计 $ x 结构设计

限定关系的复合主题:6060# $ a 高等教育 $ x 教育理论

应用关系的复合主题:6060# $ a 金属表面保护 $ x 纳米材料 $ x 应用

影响关系的复合主题:6060# $ a 水 $ x 影响 $ x 植物生长

比较关系的复合主题:6060# $ a 比较文学 $ y 中国 $ y 日本

相互关系、相互作用的复合主题:6060# $ a 血型 $ x 关系 $ x 性格

整体与部分关系的复合主题:6060# $ a 汽车 $ x 发动机

多主题:同时研究两个或两个以上事物或对象,可依据所研究的主题对象分解为单主题。

《激光在生物学和医学上的应用》

6060# $ a 激光生物学

6060# $ a 激光疗法

(五)查表选词

中文文献主题标引采用《汉语主题词表》和《中国分类主题词表》。

《汉语主题词表》分社会科学、自然科学两部分,其结构均分为:主表、附表和辅助表。

主表又称字顺表,是依汉语拼音字顺排列而成的表,由汉语拼音、款目主题词、范畴号、注释、英译名和Y(用,指引相应的正式主题词)、D(代,指引相应的非正式主题词)、Z(族,指引所从属的族首词)、S(属,指引所从属的上位主题词)、F(分,指引所从属的下位主题词)、C(参,指引有语义关系的相关词)各种参照组成。

附表是为了控制主表的词汇量,避免其过于庞大,将各学科领域中具有较大

检索意义和组配作用的专有名词集中起来,按照一定的范畴分别依字顺排列的表,它包括:世界各国政区名称、机构组织、自然地理区划名称和任务四部分。

辅助表又称为辅助索引,由范畴索引、词族索引和英汉对照索引组成。

《汉语主题词表》的用法:

当析出的主题稳定,有准确的主题词可以表达,直接查字顺表。

当文献涉及的主题概念集中于某个学科时,或语词的形式难以确定,需要从学科角度给以启示,为提高标引效率,可以先查范畴索引。

英文文献主题标引通常先查英汉对照索引。

当想从等级的角度查找更专指的叙词时,可先查词族索引。

注意:在利用辅助表查得某一主题词后,一般都要再查主表,验证其准确性。涉及地理、政区、人物、组织机构名称的主题概念,应在相应的附表中查找。

《中国分类主题词表》分"分类号——主题词对应表"和"主题词——分类号对应表"两卷。主题标引时主要使用"主题词——分类号对应表",该表以《汉语主题词表》的字顺表为主体,增加了大量的主题词串(主题词组配形式),并将《中国图书馆分类法》的分类号置于相应的主题词或主题词串下。

《中国分类主题词表》的用法:

《中国分类主题词表》是将《汉语主题词表》中的主题词与《中国图书馆分类法》的分类号作对应,实现主题词标识与分类号标识的兼容与转换,方便标引与检索。使用时根据文献中析出的主题概念,在词表中查找相应的主题词或主题词串,主题词串可以以词为单位拆分,可以重新组合,也可以删去或增添某个词,以准确反映文献主题,达到专指的目的。

注意:《中国分类主题词表》中的主题词串与 CNMARC 表述的对应

例:主题词串:近代文学\文学研究\中国

CNMARC 格式:6060#＄a 近代文学＄x 文学研究＄y 中国

(六)选词规则

文献主题标引必须选用词表中的正式主题词标引,其书写形式与词表中的词形一致。

文献主题标引应首先选取与文献内容主题概念相对应的、最专指的主题词。

文献主题标引应注意选用词表中的复合主题词,用以表达复合的主题概念。

文献内容的主题概念在词表中没有相应的最专指的主题词时,可选用与其最直接相关的、最邻近的主题词进行组配标引。

文献内容的主题概念在词表中没有恰当的主题词组配,可选用一个最直接的上位主题词进行上位标引,或选用近义的主题词进行靠词标引。当使用上位主题词或靠词标引时,应将表达原主题概念的关键词记录在"610 非控主题词"字段。

可直接作为新增主题词记录在各相应字段的各类名称主题词:

规范化的人名(600 字段)、

规范化的团体名称和会议名称(601 字段)、

规范化的家族名称(602 字段)、

作品名称(604 或 605 字段)

节目、栏目名称(605 字段)

产品、设备、仪器、仪表等名称(606 字段)

成熟的、确定的大型系统名、数据库名、应用程序名、计算机语言名称等(606 字段)

中华人民共和国人民代表大会通过的各种法律(606 字段)?

规范化的地名,包括自然地理名称、国家行政区划以及山岳、河流名称等(607 字段)

CALIS 联合目录规定:

主题组配时,无论是限制性组配还是交叉组配均用 $ x。

文献类型启用 $ j 子字段表示。($ j 的使用请参照文献类型常用词表)

文献类型常用词表:

教材 补充教材 教学参考书 学习参考资料 教学参考资料 自学参考资料 升学参考资料 习题 习题集 试题 题解 问题解答 试卷

图解 图谱 图录 画册 图集 地图集 摄影集

文集 选集 全集 作品集 作品综合集 纪念文集 回忆录 汇编

学位论文 博士学位论文 硕士学位论文 毕业论文

人名录 名录 目录 文摘 索引 篇名索引 书目索引 期刊索引
文摘索引 题录索引 著者索引 专书索引 参考目录

手册 指南 百科全书 统计资料 便览 年表 表解

字典 词典 百科词典 插图词典 对照词典 双解词典 图解词典 词汇

丛书 年鉴 地方年鉴 年刊 年报 期刊 连续出版物 报纸

普及读物 通俗读物 对照读物 语言读物 课外读物

以个人名称作为主题时,应记录在600个人名称主题字段。600 $a子字段只记录个人名称的款目要素,该名称必须是规范的检索点形式,与70X字段个人名称规范形式保持一致。

若在编文献的主题为团体名称或会议名称时,将其著录在601字段。该名称必须是规范的检索点形式,与71X字段团体名称规范形式保持一致。注意,只有当某会议作为在编文献的中心主题时,才设会议名称主题,若在编文献只是会议文集,则在711字段为会议名称作标目。

以某一部或某几部作品为研究对象的在编文献的主题应该用题名主题。若被研究的著作为有著者的著作则用604字段,否则用605字段。(605字段 $a子字段记录的作品题名不必加"《》",套录北图数据时应注意将"《》"删除。)

若在编文献以地名作为主题标目时记录在607字段。

若标引词涉及中国的具体朝代,在朝代后的圆括号中可不加该朝代的具体年代限制。如:606 0# $a古代史 $y中国 $z唐代

690字段　中国图书馆分类法分类号(CLC)

本字段记录中国图书馆分类法分类号,该号按中国图书馆图书分类法给出。

本字段选择使用,可重复。

指示符

指示符1:未定义,空位。

指示符2:未定义,空位。

子字段表

子字段标识符	描述	注释
$ a	分类号	必备,不可重复
$ v	版次	不可重复

例:

中图法分类号	698	▌aTP391.413▌v5
中图法分类号	698	▌aTB86▌v5

图书分类专题介绍

(一)图书分类的概念

1. 什么是图书分类

图书分类是以图书分类法为工具,根据图书所反映的学科知识内容与其他显著属性特征,分门别类地、系统地组织和揭示图书的一种方法。

2. 图书分类的标准

图书内容的学科属性是图书分类的主要标准,图书的体裁、体例、文种、著者、地区、时间等是图书的辅助标准。

3. 图书分类的依据

分类法(分类表)和分类规则

4. 图书分类的作用

组织分类排架、建立分类检索系统、进行分类统计。

5. 图书分类标引的要求

归类正确、反映充分、前后一致、方便检索。

初学图书分类需学习图书分类的基本知识,熟悉分类法的编制原理、体系结构、类目设置、号码系统等。

(二)《中国图书馆分类法》

1. 什么是图书分类法

图书分类法是按照类目之间的关系组织起来并配有相应的标记符号的类分

图书的方法。

《中国图书馆分类法》(以下简称《中图法》)采用拉丁字母与阿拉伯数字混合标记符号,以拉丁字母标记基本大类,在字母后用数字表示大类下类目的划分。如"A 马克思主义、列宁主义、毛泽东思想、邓小平理论","A1 马克思、恩格斯著作"。为适应"工业技术"图书资料分类的需要,对其二级类目也采用字母标记,如"T 工业技术","TP 自动化技术、计算机技术","TP1 自动化基础理论"。

《中图法》的编号制度基本上采用层累标记制,但为了类目设置的需要,也部分采用了八分法、双位制、借号法等来增加配号的灵活性和扩大号码系统的容纳性。如:

C 社会科学总论

C0 社会科学理论与方法论

C1 社会科学概况、现状、进展

…　…

C8 统计学

C91 社会学

C92 人口学

为了使号码清楚易辨,在分类号的从左至右每三位数字之后,隔以小圆点". ",如:A849. 11。

其他辅助标记符号:

a 推荐符号,排在原分类号的前面,如 F2a 排在 F2 之前。

－ 总论复分号,排在数字"0"的前面。

:组配复分号,表示主概念之间的概念交叉组配,如:化工机械编号为 TH6:TQ05。

( ) 国家区分号

＝ 时代区分号

" "民族种族区分号

< > 通用时间、地点和环境、人员表

[ ]交替符号和/起止符号,属于一般标记符号,不作图书分类的实际号码使用。

2.《中国图书馆分类法》(第五版)

基本大类:

A 马克思主义、列宁主义、毛泽东思想、邓小平理论

B 哲学

C 社会科学总论

D 政治、法律

E 军事

F 经济

G 文化、科学、教育、体育

H 语言、文字

I 文学

J 艺术

K 历史、地理

N 自然科学总论

O 数理科学和化学

P 天文学、地球科学

Q 生物科学

R 医学、卫生

S 农业科学

T 工业技术

U 交通运输

V 航空、航天

X 环境科学

Z 综合性图书

类目之间的关系有:

(1)从属关系:"上位类"、"下位类"。

被区分的类称"上位类",直接区分出来的小类称"下位类"。

(2)并列关系:"同位类"由同一个上位类直接区分出的若干个小类。

(3)交替关系:有些类目可以同时隶属两个或两个以上不同的上位类而同一

性质的书不能分入两处。

（4）相关关系:用参见表示。如:G635 参见 G45 说明。

（三）类目组配:复分、仿分

类目组配是《中图法》的类号合成技术,通过组配达到类目细分或形成新主题类号的目的。主要有四种组配:依通用复分表分、依专类复分表分、类目仿分以及主类号的组配。

1.《中图法》的通用复分表

《中图法》共有 8 个通用复分表:总论复分表、世界地区表、中国地区表、国际时代表、中国时代表、世界种族与民族表、中国民族表、通用时间、地点和环境、人员表。通用复分表主要对主表类目起复分作用,不能单独使用,必须与主类号进行组配。

（1）总论复分表

总论复分表概括了各类均可能出现的复分问题,如理论与方法论、概况、现状、进展、机构、团体、会议、研究方法、工作方法、教育与普及、丛书、文集、连续出版物、参考工具书、非书资料、视听资料、通用概念。对于总论复分的内容,各图书馆可结合具体情况,规定使用至二、三级类,或在部分类下重点使用;另外,也可根据需要只选用该表中的部分类目。

复分号由标记符号短横"－"与数字组成,将所用的复分号(连同"－")直接加在主表分类号码后即可。例:《常用化学小词典》的分类标引为 O6－61。

以下几种情况不再使用总论复分表复分:

①在主表中,已列有专类者,或主表中某些类目具有该表的内容,不再使用本表的相应类目复分。

H319 英语教学	-4 教育与普及
…	…
H319.2 教学计划、教学大纲	-41 教学计划、教学大纲、课程
H319.3 教学法、教材、教学参考书	-42 教学法、教学参考书
… …	…
H319.6 习题、试题	-44 习题、试题及题解
主表类目	总论复分表类目

标引《具有中国特色的英语教学法》一书,主表类目中已列有专类,其类号为 H319.3,不再使用总论复分表的"－42 教学法、教学参考书"复分。

②社会科学总论类中的"C0/7"、自然科学总论中的"N0/7"是依据总论复分表编列的类目,不使用总论复分表的类目复分。如标引《马寅初演讲与论文集》一书,其类号为 C53,不能使用总论复分表的"－53"进行复分。

③具有本复分表中两种以上形式特征的文献,只可选择其中主要的一种加以复分,不能在同一个类号中同时使用两个总论复分表的号码。

如《计算机教学研究与实践:2011 学术年会论文集》一书,既涉及教学法"－42",又涉及了论文集"－53"两种形式特征,只能选取主要的一种教学法"－42"加以标引,则该书中图法分类号为 TP3－42。

(2)世界地区表的使用

《中图法》世界地区表主要是根据自然区划编列的,以便于处理世界各个地区和国家的著作。

凡主表或总论复分表中已注明"依世界地区表分"的,均用本表复分。组号方法:将复分号加在主类号之后。如标引《英国初等教育教育概况》一书:

查中图法类表:

G629 世界各国初等教育概况

G629.3/.7 各国

　　　　　依世界地区表分,再仿 G629.2 分。

查世界地区表:

5 欧洲

51 东欧、中欧

53 北欧

54 南欧(东南欧、西南欧)

56 西欧

561 英国

查中图法类表 G629.2:

G629.2 中国

G629.20 方针政策及其阐述

G629.21 教育改革与发展

G629.22 教育制度

……

本书为初等教育概况,不需要仿 G629.2 分,标引结果为 G629.561。

凡主表中未注明"依世界地区表分",但需要用本表复分时,地区号码须加国家地区区分标识"( )"。如标引《加拿大小麦育种经验》一书:

查中图法类表:

S5 农作物

S50 一般性问题

……

S503 遗传育种和良种繁育

S51/59 各种农作物

均可仿 S50 分。例:水稻遗传育种 S511.032。

……

S512.1 小麦

因 S503 类下没有注明"依世界地区表分",所以要将"加拿大"的类号"711"用"( )"括起来,标引结果为 S512.103(711)。

凡使用本表中"洲"、"地区"概括性地区号码复分后,还需要再依其他标准进行细分的,必须在概括性地区号码后加"0",再进行复分,以便于该地区所属的国家号码区别开来。如标引《当代各国政治体制丛书——南欧诸国》一书:

D73/77 各国政治

依世界地区表分,再依下表分。

0	政治概况		54	南欧
1	国内政治矛盾与斗争		541	阿尔比利亚
2	政治制度与国家机构		542	罗马利亚
21	**政治制度**		543	南斯拉夫
……	……		……	……
	主表类目			世界地区表类目

标引的类号为 D754.021,因"54 南欧"地区的这个上位类号码下,加上一位数字,代表包含的不同国家,采用的层累制,由于依世界地区表分之后,还要对再依据其他标准进行细分,也就是要在"54"后面再加上一位数字,若不加"0",类号为 D754. 21,则会与关于罗马尼亚国内政治矛盾与斗争的书产生异书同号现象。

(3)中国地区表的使用

凡主表、专类复分表与总论复分表中注明"依中国地区表分"的,均用本表复分,即将本表的号码加于主表分类号码之后即可。如标引《云南自助游》一书:

查中图法类表:

K928.9 旅游地理、游记

旅游地理指南、导游手册等如此。

依中国地区表分。

查中国地区表:

7 西南地区

71 四川省

… …

74 云南省

标引结果为 K928. 974。

凡主表、专类复分表、总论复分表中未注明"依中国地区表分",而需用本表复分时,中国地区号码前需先加中国地区号"2",并用国家地区区分标识"( )"括起,加在主类号后。如标引《湖北省婚丧习俗》一书:

查中图法类表:

K89 风俗习惯

K892 中国风俗习惯

K892.22 婚姻、丧葬民俗

… …

K892.22 类下没有注明"依中国地区表分",但需要揭示"湖北省"这一地区特征,查中国地区表,湖北省的号码为"63",标引的结果为 K892.22(263)。

在本表所列的中国各地区,如再采用其他标准细分时,则必须在地区号码后加"0",以便与本地区所属的省、市、县区别开来。如标引《华北沙漠区域地理》

一书：

查中图法类表：

P942 中国自然地理

中国区域自然地理入此。

依中国地区表分,再仿 P941 分。

P941 世界自然地理

P941.1 热带、赤道带

P941.2 亚热带

P941.3 温带

… …

P941.7 自然区域

P941.71 干燥区、干旱地区

P941.73 沙漠区、荒漠区

查中国地区表,华北的类号为"2",再依本表中的专类复分表对各省、自治区及直辖市类目作细分。华北地区已采用层累制列举其包含的各省、直辖市的类目(见下表),再采用其他标准细分时,要先加"0", 以便与本地区所属的省、市区别开来。

2 华北地区

21 天津市

22 河北省

23［热河省］(1928～1955)

24［察哈尔省］(1928～1952)

25 山西省

26 内蒙古自治区

27［绥远省］(1928～1954)

… …

可见对"2"细分后产生出来的类目与已建立起的华北地区各省的号码冲突。所以要先加"0",再仿 P941 分,标引的结果为 P942.207.3,若不加"0",类号为 P942.273,代表绥远省温带地理,异书同号。

(4)国际时代表、中国时代表的使用

凡主表中已注明"依国际时代表分"或"依中国时代表分"时,可直接使用时代表进行复分,将时代复分号加在主类号后。

如标引《中国出版史料:近代部分》一书:

查中图法类表:

G239.29 出版事业史

依中国时代表分。

查中国时代表:

5 近代(1840~1949 年)

将 5 加在主类号,标引结果为 G239.295。

分类表中未注明依时代表分,需要依时代表复分时,须在复分号码前加上时代区分号"="。

如标引《20 世纪 90 年代中国高等教育改革》一书:

G649 世界各国高等教育概况	7 中华人民共和国（社会主义革命和社会主义建设时期（1949）
G649.1　世界	71　20 世纪 50 年代（1949~1959 年）
G649.2　中国	…… ……
G649.21　教育改革与发展	75　20 世纪 90 年代（1990~1999 年）
主表类目	中国时代表类目

在 G649.21 类下未注明依中国时代表分,所以要在现代的类号为"5"之前用时代区分号"="区分。标引结果为 G649.21＝75。

分类表中不具有国家区域属性的类目,需用本表复分时,先依世界地区表分,再依中国时代表分,并用国家地区区分标识"( )"和时代区分标识"="。如标引中国新中国成立前编的图书分类表:

查中图法类表:

G254.12 分类表

　　　　各种分类表及其编制使用、评论研究等入此。

标引结果为 G254.12(2)＝6。

若类表中已具有时代含义的类目,不再使用时代表揭示时代特征。如:

K871 各代文物考古

K871.1 石器时代

K871.2 铜石并用时代

K871.3 铜器时代

K871.4 铁器时代

K871.41 战国、秦汉

K871.42 三国、两晋、南北朝

K871.43 隋、唐、五代

K871.44 宋、辽、金、元

K871.45 明

K871.49 清

K871.6 民国时期(1912～1949年)

K871.7 中华人民共和国成立以后

标引《隋唐考古》一书,其类号为 K871.43。不采用中国时代表中隋唐的类号复分。

(5)世界种族与民族表、中国民族表的使用

凡主表注明"依世界种族与民族表分"或"依中国民族表分"时,可直接使用本表复分,将有关复分号加在主类号之后。如标引《惯于争鸣的印度人:印度人的历史、文化与身份论集》一书:

查中图法类表:

C95 民族学、文化人类学

C955 民族性、民族心理

　　总论民族传统、民族性格、民族情感、民族差别、民族识别等入此。

　　依世界种族与民族表分。

查世界种族与民族表:

3 亚洲各民族

35 南亚各民族

351 印度民族

标引结果为 C955.351。

若主表中未注明"依世界种族与民族表分"时,需依本表复分的,将有关复分号用民族区分号""引起,加在主类号之后。

若主表中未注明"依中国民族表分"时,需依该表复分的,须先在民族复分号前加中国代号"2",再用民族区分号""引起,加在主类号之后。如标引《白族扎染艺术》一书:

查中图法类表:

J523 织染、服装、刺绣工艺美术

J523.2 印染

其类号下未注明"依中国民族表分",要揭示"白族"这个特征,则查中国民族表:

11 汉族

…　…

52 白族(民家)

在白族的类号"52"前加上中国的代号"2",该书的民族复分号为"252"。

标引的结果为 J523.2"252"。

(6)通用时间、地点和环境、人员复分表的使用

主表类目中凡需要按该表复分的,均可使用本表。

使用本表时,将该表的复分号码用"＜　＞"括起,加在主类号后。如标引《冬季温度预报》一书:

P45　　天气预报	1　通用时间
P457　主要气象要素和天气现象预报	11　季度
P457.3　温度预报	111　春
…　　…	…　…
	114　冬
主表类目	通用时间、地点和环境、人员表类目

标引结果为 P457.3＜114＞。

若在主表中已列有专类者,不再用本表相关类目复分。如标引《小儿眼科学》

一书：

主表中：

R779.7 小儿眼科学

不再使用本表的：

723 少年、儿童

　　婴幼儿、未成年人等入此。

标引结果为 R779.7。

具有本复分表中两种以上特征的文献，只可选择其中主要的一种加以复分；若不易区分主次时，按编列在后的类目复分。

2.《中图法》的专类复分表

《中图法》把专类共性区分的问题，编制专类复分表。专类复分表的两侧用竖线标记，以示醒目。如：B21/26 专类复分表就是供中国古代哲学类目进一步细分使用的。

B21/26 中国古代哲学

　　　　均可依下表分。

1	原著、节本、分编	
2	注释（评注、批注）、音义、图说	
3	校勘、考证	
4	语译（古文今译）	
5	研究、评论	

专类复分表的标记符号采用阿拉伯数字，自然科学的专类复分号前一律冠"0"。

P618.1/ 619.29   各种矿床

    可依下表复分，例：放射性矿产的成分为 P619.104。

01	成因
02	产状、地质构造、地层
04	**成分、性质**
05	矿化阶段、矿体分析
06	地区分布
07	类型
08	普查、勘探
09	取样和储量计算

  …   …

P619.1 放射性元素

需要按照专类复分表进行复分时,将复分的类号直接加载详细分类的类号上。如标引《周易大传新注》一书：

B21/26   中国古代哲学

        均可依下表分。

1	原著、节本、分编
2	注释（评注、批注）、音义、图说
3	校勘、考证
4	语译（古文今译）
5	研究、评论

  B21   古代哲学

  B22   先秦哲学

  B221   诸子前哲学

        周易入此。

B222 儒家

B222.1 四书

B222.2 孔子(孔丘,公元前 551 ~ 前 479 年)

B222.3 孔子弟子

… …

标引结果为 B221.2

但主表中社会科学各类,凡属上位类依专类复分表复分的,则要在复分类号前加"0",以与层累制的下位类区别。如《儒之说:人生哲理与中庸之道》一书的标引结果 B222.02,如果在复分类号"2"前不加"0",取类号 B222.2,为孔子、论语的类号,异书同号。若上位类展开下位类时,没有采用层累制,则不加"0"。

3.《中图法》的类目仿分

(1)仿分的形式

仿分指一组相邻的类目以相同的分类标准展开时,一般将在前的一个类目详细展开,后面的类目不再展开列举,而是依照已展开的子目细分的形式。

J82 中国戏剧、曲艺、杂技艺术

J821 京剧艺术

J821.1 导演艺术

J821.2 表演艺术

J821.3 舞台美术和技术

J821.31 人物、景物造型

J821.32 砌末(道具与布景)

J821.33 戏台

J821.34 灯光技术

J821.35 舞台效果、音响技术

J821.5 化妆、服装和服饰

J821.9/824 各种戏剧艺术

若需细分,均可仿 J821 分。

J821.9 昆曲艺术

J822 歌剧艺术、音乐剧艺术

J823 歌舞剧艺术

J824 话剧艺术

J825 地方剧艺术

仿 I236 分,再仿 J821 分。

… …

（2）仿分的次序

在注释规定的范围内，按注释规定的先后次序进行仿分。如标引《喧闹的遗产：以池州傩戏为案例的研究》一书：

分析主题：傩戏——仪式——变容——安徽省——池州市

查中图法类表：

J825 地方剧艺术

仿 I236 分，再仿 J821 分。

I236 地方剧

I236.1 北京市地方剧

I236.21 天津市地方剧

I236.22 河北省地方剧

… …

I236.3 东北地方地方剧

I236.41 陕西省地方剧

I236.54 安徽省地方剧

… …

仿 I236 分，安徽省地方剧取"54"，再仿 J821 分，舞台美术和技术取"3"，标引结果为 J825.543。

（3）仿分时加"0"的三种情况

①专论性类目仿照总论性类目的划分标准细分。

D91 法学各部门

D910.1 理论

D910.2 法的历史

D910.4 学习、研究

D910.5 解释、案例

D910.9 法律汇编

D911/916（类目复分仿分规定）

可仿 D910.1/.9 分,仿分时一律冠"0"。例:各国民法汇编为 D913.09。

如标引《保险法合理期待原则研究》一书:

D912.284 保险法

标引结果为 D912.284.04。

②主表中的类目仿"一般性问题分"。

TB3 工程材料学

TB30 一般性问题

TB301 工程材料力学(材料强弱学)

TB301.1 静力学

TB301.2 动力学

TB301.3 热力学

TB302 工程材料试验与分析

… …

TB305 材料计算

_____

TB31/39 各种材料

可仿 TB30 分。例:复合材料力学为 TB330.1。

当"一般性问题"仿"一般性问题"分时,不加"0"。如:

TD4	矿山机械
TD40	**一般性问题**
TD401	机械原理
TD402	机械设计、计算、制图
TD403	机械结构及构件
…	**…**

TD5	矿山运输与设备
TD50	**一般性问题**
	仿 TD40 分。

TD50 仿 TD40 分时,不加"0"。

当类目表中有关类目仿"一般性问题"所属子目分时,不加"0",直接将仿分号码加在有关类目之后。

```
                                      ┌─────────────────────────────────┐
                                      │ TS190　一般性问题                 │
                                      │ TS190.6　各种纤维及其制品的染      │
┌──────────────────────────────┐     │ 整                                │
│ TS192　　练漂                  │     │                                   │
│                               │◄────│ TS190.62　散纤维、纤维条及纤维    │
│ TS192.7　　各种纤维及其        │     │ 卷的染整                          │
│ 制品的练漂                     │     │                                   │
└──────────────────────────────┘     │ TS190.63　纱线染整                │
                                      │                                   │
                                      │ TS190.64　机织物染整              │
                                      └─────────────────────────────────┘
```

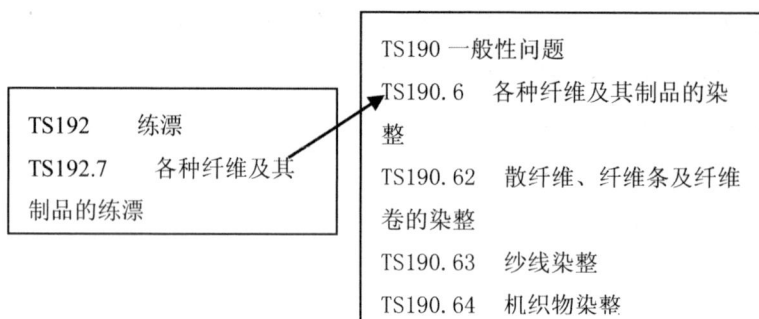

　　TS190.6 是 TS190 一般性问题的子目,TS192.7 仿 TS190.6 分,是仿一般性问题的子目分,而不是仿"TS190 一般性问题"整个类目分,不加"0"。标引《针织物练漂》,直接在 TS192.7 后面加上仿分子目号"5",标引结果为 TS192.75。

　　③越级仿分。

　　在标引工作,根据文献实际论述的主题不需要按类目注释要求依次进行仿分(即文献中没有论述到要按注释要求依次仿分的主题),当跨越规定的某一层次,再继续依其他标准复分或仿分时,须在该复分号或仿分号前加"0",以保证类目展开的逻辑次序。

　　E27 各种武装力量(各军、兵种)

　　E270 合成军

　　E270.1 方面军、集团军

　　E270.2 军

　　E270.3 师、旅

　　E270.4 团

　　E270.5 营

　　E270.6 连

　　… …

　　E270.9 单兵

　　―――――――――――――――――

　　E271/277 各军兵种

　　先仿 E270 分,再依下表分。例中国步兵连的进攻与防御为 E271.164.1;中国步兵战斗保障为 E271.106；中国陆军集团军战例为 E271.019；中国陆军战例为 E271.009。

11	司令部工作	
	〈4 版类号：1〉	
12	政治工作	
	〈4 版类号：18〉	
13	后方勤务	
	〈4 版类号：19〉	
14	装备各种	
2	条令	
3	教育、训练	
4	战术	
41	**进攻与防御**	
43	特种战术	
44	核武器、化学武器、生物武器	
	条件下作战	
6	**战斗保障**	
7	行军宿营	
8	军队行政与生活管理	
9	**战例、战史**	

E271	陆军
E271.1	**步兵**
E271.2	骑兵
E271.3	坦克兵、装甲兵
E271.4	炮兵

（4）类目仿分配号的转换问题

①当被仿分的是用"／"号连接，且采用借号编号时，仿分类目采用与被仿分的类目相同的标准与方法。如：

K811 世界人物传记

K815 人物总传：按学科分

仿 K825.1/828 分。

K825 人物传记：按学科分

————————————————

K825.1/828（特殊分类规定）

K825.1 哲学、社会科学

K825. 19 法律

K825. 2 军事

… …

K825. 6 文学

K825. 7 艺术

K825. 8 历史、地理

K826. 1 自然科学、工程技术

K826. 2 医学、卫生

K826. 3 农业、林业、畜牧业、渔业

K827 社会政治人物

K828 社会各界人物

… …

K815 在展开子目时采用与 K825. 1/828 相同的标准与方法。如标引《医学和生理学诺贝尔奖获得者传略》,标引结果为 K816. 2。

②当某些类目属各国仿中国分,又涉及时代属性的,应将"依中国时代表分"、"依中国民族表分",改换成"依国际时代表分"、"依世界种族与民族表分"。

K833/837 各国人物传记

依世界地区表分,再仿 K82 分。例:美国犹太人传记为 K837. 128. 738. 2。

K825 人物传记:按学科分

K825. 1/828(特殊分类规定)

如有必要,可依中国时代表分,并用" = "加以标识。

…

K828. 7 民族人物

依中国民族表分。

(四)图书分类标引工作程序

查重→分析书名→主题内容分析(详审内容提要和简介)→检阅目次阅读前言、序、跋、凡例→归类→给号(写书标)→浏览正文→复核分类目录→了解著者、

出版社、参看版权页→查阅有关工具书，请教专家。

普通图书分类标引流程图

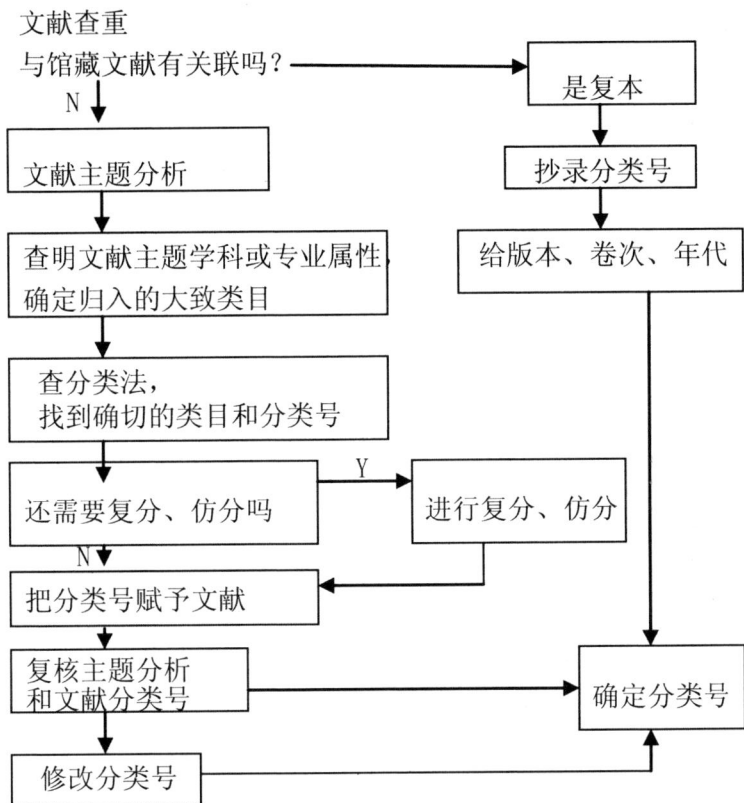

文献查重
与馆藏文献有关联吗？ ──────────────→ 　是复本

N

文献主题分析　　　　　　　　　　　　　抄录分类号

查明文献主题学科或专业属性，　　　　　给版本、卷次、年代
确定归入的大致类目

查分类法，
找到确切的类目和分类号

还需要复分、仿分吗　──Y──→　进行复分、仿分

N

把分类号赋予文献　←──────────

复核主题分析　　　　　　　　　　　　确定分类号
和文献分类号　────────────→

修改分类号　─────────────────↑

（五）多主题文献的分类标引方法

主题，是指图书所研究和论述的具体对象和问题。按文献涉及的主题因素的多寡，可分为单主题与多主题文献。多主题指文献研究或论述的主题内容有两个或两个以上，根据主题之间的关系，可划分为并列关系主题、从属关系主题、应用关系主题、影响关系主题、因果关系主题和比较关系主题等。

1. 并列关系主题的文献分类标引

并列关系的主题所论及的两个或两个以上事物，每个事物都是作为一个独立的主题出现的，一个事物与另一个事物或另一些事物之间不存在各种各样的复杂关系，事物与事物之间是独立的、并列的。

并列关系主题的文献分类标引方法及实例

(1)多主题文献所论述的重点主题不明显,或作者未指明重点的,应先给第一个主题来标引,并为其余主题作附加标引。如标引《基因和病毒》一书:

分析文献主题:

基因—病毒

查中图法类表:

　Q343.1　基因理论

　Q939.4　病毒

(2)多主题文献所论述的重点非常明确,或作者已指明重点,这应依重点主题归类,并为余主题作附加分类。如标引《儒家伦理与当代大学生道德》一书:

分析文献主题:

品德教育—儒家伦理学—中国

查中图法类表:

　G641　思想政治教育、德育

　B82　伦理学

(3)如果多主题文献所论述的主题中有与本单位专业性质密切相关的主题,要依该主题归类,并为其余主题作附加分类。如医学院校图书馆标引《生命科学与医学》一书:

分析文献主题:

生命科学—普及读物

医学—普及读物

查中图法类表:

　Q1-0　生命科学总论

　R　　医药、卫生

医学院校图书馆可标引为:R-49

　　　　　　　Q1-0

2. 应用关系主题文献的分类标引

(1)论述一种(或多种)理论、方法、工艺、材料、设备、产品等在某一学科领域中的应用的文献,归入应用到的学科主题方面所属的类目。如标引《计算机在化工中的应用》一书:

分析文献主题：

计算机应用—化学工业

查中图法类表：

TQ015.9　计算技术

　　　　数理统计及计算机在化工中的应用入此。

（2）论述一种理论、方法在多个学科领域中的应用的著作，则归入该理论、方法等主题本身所属的类目。如标引《Word/Excel 2013 在文秘与人力资源管理中的应用》一书：

分析文献主题：

汉字处理软件系统—表处理软件

查中图法类表：

　　TP391.12 汉字处理系统

（3）某一（些）事物或学科应用到另一事物或学科，而产生的交叉学科主题的文献，一般归入应用到的领域中的有关类目。如标引《教育经济学》一书：

分析文献主题：

教育经济学—高等学校—教材

查中图法类表：

　　G40 – 05　教育与其他科学的关系、教育学分支

　　G40 – 054　教育经济学

　　　　　　　教育资源、教育投资、教育成本、教育效益、教育经济结构、教育供给与需求等入此。

　　标引结果为：G40 – 054。

3. 影响关系主题文献的分类标引

（1）论述一个主题对另一主题影响的文献，归入被影响的主题所属的类目。如标引《跨越贸易壁垒：技术性贸易壁垒对中国纺织品服装贸易的影响》一书：

分析文献主题：

技术贸易—贸易壁垒—影响—纺织品—对外贸易—中国

查中图法类表：

F75 各国对外贸易

F752 中国对外贸易

F752.65 各种商品贸易

仿 F762/769 分

F768.1 纺织品

标引结果为:F752.658.1。

(2)论述一个主题对两个或两个以上主题影响的文献,一般归入产生影响的主题本身所属的类目。如标引《变化的洋流—厄尔尼诺对气候和社会的影响》一书:

分析文献主题:

厄尔尼诺—研究

查中图法类表:

P732 海洋气象学

"厄尔尼诺"、"拉尼娜"现象入此。

4. 因果关系主题文献的分类标引

论述主题之间因果关系的文献,一般分入结果方面的主题所属的类目,如果所造成的结果是多方面的,且能区分出重点主题方面,则分入重点主题所属的类目,否则按原因方面主题所属的类目归类。如标引:《国际环境变化与岛国奇迹的消失—1985 - 2000 年日本经济盛极而衰原因新探》一书:

分析文献主题:

经济—研究—日本—1985 - 2000

查中图法类表:

F13/17 各国经济

依世界地区表分，再依下表分。

- 0　　方针、政策及其阐述

　　　　国家紧急机制问题入此。

- 1　　社会经济结构与体制

　　　　经济体制改革、体制变化等入此。

- …　　　…

- 9　　经济史

　　　　依国际时代表分。

- 99　经济地理

查世界地区表：

查世界地区表：

3 亚洲

31　　东亚

313　　日本

查国际时代表：

5　　现代(1917年~)

标引结果为:F131.395。

(六)多卷书、丛书的分类标引方法

1. 多卷书的分类标引

多卷书是一种以多卷、辑、册逐次或一次出版的文献,通常有总书名,各卷、册自称一个单位,有的有分卷书名,全书内容连贯,构成一个不可分割的整体。多卷书一般以全书内容的学科属性集中分类。若其分卷、辑、册内容相对独立,并有独立题名,应增加分析分类。

如标引江苏教育出版社2003年出版的《20世纪中国文学作品选》：

分析主题：

全套书共4册:诗歌卷;小说卷;散文卷;戏剧卷。

文学—中国—20世纪—作品综合集

查中图法类表：

I2　　中国文学

I21　　作品集

I212/217　各时代作品集

依中国时代表分,再依下表分。如《沫若文集》为 I217.32.

1	总集
2	别集

查中国时代表:

6　民国时期(1912～1949 年)

标引结果为 I216.1。

若其分卷、辑、册为全书的一个专题,并有独立题名,应增加分析分类。如《中国哲学社会科学发展历程回忆》,有文学卷;国际卷;马克思主义卷;史学卷;哲学宗教学卷、经济学卷等分别综述了中国哲学社会科学领域的发展历程,除对其集中标引为 C12(中国社会科学概况、现状、进展),还分别对各卷作分析分类,各卷分别标引为:I2 – 1、C11、D61、K2、B2、F124。

2. 丛书的分类标引

丛书是按照一定的主题范围,将多种著作汇编成一套,并有一个总书名的文献,亦可称丛编、丛刊、文库、论丛等。丛书的分类方法有两种:集中分类和分散分类。

(1)集中分类标引

即按照整套丛书内容的学科属性集中归类,一次刊行的丛书、学科专业面窄、读者对象明确的丛书、科普性、知识性的丛书,或供中小学生和相当于中小学文化水平的人阅读的丛书等宜集中分类。如标引《古逸丛书》一书:

《古逸丛书》(清)黎庶昌辑,3 册(818,771,758 页)。本书因所收多古本逸编而得名,计有二十六种罕见的宋、元刻本和旧抄本,真实地再现了珍本古籍的原貌,使之得以流传后世。全书对每书分撰解题,述其源流,考其版本,卷末多附有跋文或后记。

分析主题:

古籍—中国—清代—丛书

查中图法类表:

Z12　中国丛书

Z121 普通丛书(杂纂丛书)

Z121.5 清代

标引结果为Z121.5。

标引《中学生百科全书》,包括语文百科、数学百科、物理百科、历史百科、地理百科、生物百科,这套丛书为中学生书架必备中学生课外读物宝典,可集中分类,标引结果为:G634。

(2)分散分类标引

即按丛书各册内容分别归类。采用分散归类的丛书主要是学科性和专业性强、学术价值较高的丛书以及内容广泛、各书之间联系不密切的丛书。

如《新华博识文库》,包括《学术写作要领》《没有标准答案的哲学问题》《致青年学者:一位诺贝尔奖获得者的人生忠告》《我们如何思维》《40堂哲学公开课》等,这套丛书各书内容独立,采用分散分类,分类结果分别为:H152.2、B-49、B821-49、B804、B5。

(七)工具书的分类标引方法

工具书可分为参考工具书、检索工具书和语言工具书三类。

1. 参考工具书的分类标引

参考工具书主要指字典、词(辞)典、百科全书、类书、年鉴、手册、图谱等,按学科内容有综合性和专科性之分。

(1)凡综合性内容的工具书入综合性图书"Z"相应类目。

如标引《中国大百科全书》一书:

查中图法类表:

Z2 百科全书、类书

Z227 现代

新中国成立后编辑的百科全书、类书入此。

标引结果为Z227。

(2)凡专科性内容的工具书按其学科内容属性归类,再依总论复分表复分。

如标引《中国经济年鉴》一书:

分析主题:

经济—中国—年鉴

139

查中图法类表：

　　F12　中国经济

查总论复分表：

　　-54　年鉴、年刊

标引结果为 F12-54。

(3)政书是汇编我国历代或某一朝代政治、经济、文化制度方面的史料的大型工具书，《中图法》规定入"D69 中国政治制度史"的有关类目。

　　D69　政治制度史

　　　　总论各代政治制度的著作入此。

　　　　历代典章制度的汇编，如《九通》《十通》等入此。

　　D691　清、清以前政治

　　D693　民国时代政治

　　D696　新民主主义政治

2. 检索工具书的分类标引

检索工具书是专供查找文献或事物线索的图书，包括目录、索引、文摘等，可以划分为综合性、专科性、专书或专题性等类型，应按照分类法的规定以及文献组织的需要进行标引。

(1)综合性的检索工具书归入综合性图书"Z"相应类目。

如标引《全国总书目》一书：

查中图法类表：

　　Z8　图书报刊目录、文摘、索引

　　　　目录学、图书编目法、索引法入 G25 有关各类。

　　Z81　国家总目录

　　Z812　中国

　　Z812.1　全国总书目

标引结果为 Z812.1。

(2)《中图法》规定专科、专题书目、索引，也入"综合性图书"类，采用组配编号法。如愿直接分入各学科，可在各学科类号后加总论复分表号码"-7"。

如标引《图书馆学论文索引》一书：

查中图法类表：

> Z89　文摘、索引
>
> 综合性文摘、索引入此；专科、专题的文摘、索引也入此。
>
> 按本分类法体系分，即将各学科的分类号码加于本分类号之后，用组配符号"："组合。例：化工文摘为 Z89：TQ。
>
> 如愿入有关各类，可在各学科的类号后再加总论复分号-7。

> G25　图书馆事业、信息事业
> G250　图书馆学、情报学

标引结果为 Z89：G250。

(3)专书索引一般应随原书归入相应类目,如《史记人名索引》,标引为：K204.2-7。但马列经典作家本身的索引(如人名索引、篇目索引、主题索引等),归入马列大类的有关类目。如标引《马克思恩格斯全集名目索引》一书：

查中图法类表：

A1　马克思、恩格斯著作

全集入此。

…　…

A8　马克思主义、列宁主义、毛泽东思想、邓小平理论的学习和研究

A81　马克思主义的学习和研究

A813 书目、索引

标引结果为 A813。

3. 语言工具书的分类标引

(1)专科性词典归入有关各类,再依总论复分表复分。如标引《英汉化工词典》一书,

查中图法类表：

TQ　化学工业

查总论复分表：

-61　名词术语、词典、百科全书(类书)

标引结果为 TQ-61。

(2)语言工具书(除专科性词典以外)集中归入语言学有关类目。

一种语言的词典,按其语种入该语种有关各类。如标引《朗文中阶英汉双解词典》

查中图法类表:

　　H3　常用外国语

　　H31　英语

　　H316词典

　　　　见 H061 和 H164 注。

标引结果为 H316。

三种以上语言对照的字、词典入语言文字类的词典类下。如标引《英法俄德汉辞典》一书:

查中图法类表:

H0　　语言学

H06　　词典学

H061　　词典

三种及三种以上语言对照的词典入此。

一种语言的词典入各该语言,例:《新华字典》如 H163;汉语和中国少数民族语言对照的词典均入 H2 有关少数民族语言类,例:《维汉词典》和《汉维简明词典》均入 H215.6;汉语和外语对照的词典均入有关外语,例:《英汉词典》和《汉英词典》均入 H316;两种外语对照的词典入前一种外语,例:《英俄词典》入 H316,《俄英词典》入 H356;专科词典、专业术语集,均入各学科,例:汉语的《简明化工词典》和《英汉化工词典》均入 TQ-61;综合类词典入 Z 有关各类。

标引结果为 H061。

两种语言对照的字、词典分类标引方法见 H061 的注释。

(八)各种学科文献的分类标引重难点选析(以《中图法》为例)

1. A 马克思主义、列宁主义、毛泽东思想、邓小平理论类文献的分类标引要点

《中图法》第五版确定"A"为特别处理的大类,与《中图法》第四版不同,第五版修订:若不集中 A 大类文献,可按文献性质及学科内容分散处理,并在 D 大类增设了相关类。如:

毛泽东、邓小平的综合性著作及其研究可入 D2 - 0

马列主义研究入 D0 - 0

毛泽东思想研究入 D610.0

邓小平论文艺入 I0

毛泽东传入 K827 = 73

2. B 哲学类文献的分类标引要点

《中图法》B 大类为哲学宗教,包括:B0 哲学理论,B1/7 世界各国哲学,B80/84 哲学范畴的各学科,B9 宗教。

总论哲学又兼论哲学与宗教的入 B,专门科学的哲学理论入有关各类。例:法哲学入 D90。

| 题名与责任者说明 | 200 | 1 | ▋a比较法哲学▋Abi jiao fa zhe xue▋d= Comparative jurisprudence▋f(美) 威廉·B. 埃瓦尔德著▋g于庆生, 郭宪功译▋zeng |
| 中图法分类号 | 690 | | ▋aD90▋v5 |

总论世界及跨两个洲以上地区的哲学史、思想史等文献入 B1。

| 题名与责任者说明 | 200 | 1 | ▋a东西文化及其哲学▋Adong xi wen hua ji qi zhe xue▋f梁漱溟著 |
| 中图法分类号 | 690 | | ▋aB1-03▋v5 |

关于一洲一国的哲学史、哲学思想研究等文献入 B2/7 各洲各国哲学。

| 题名与责任者说明 | 200 | 1 | ▋a西方哲学史▋AXi Fang Zhe Shi▋d= A history of Philosophy▋f(美) 梯利著▋g文竹译▋zeng |
| 中图法分类号 | 690 | | ▋aB5▋v5 |

对于一个哲学家评论、研究其他哲学家著作和哲学思想的文献,归入被评论和研究的哲学家类目。

| 题名与责任者说明 | 200 | 1 | ▋a黑格尔哲学▋AHei Ge Er Zhe Xue▋f刘永佶著 |
| 中图法分类号 | 690 | | ▋aB516.35▋v4 |

关于神话研究、各国神话的流传及发展的文献入 "B932 神话"。

| 题名与责任者说明 | 200 | 1 | ▋a20世纪希腊神话研究史略▋A20 shi ji xi la shen hua yan jiu shi lue▋f王倩著 |
| 中图法分类号 | 690 | | ▋aB932▋v4 |

用神话写成的文学作品,如神话故事等入 I 文学类。

| 题名与责任者说明 | 200 | 1 | ▋a古希腊神话故事▋Agu xi la shen hua gu shi▋f刘世洁编著 |
| 中图法分类号 | 690 | | ▋aI17▋v5 |

3. C 社会科学总论类文献的分类标引要点

C 类包括两部分内容:总论社会科学的共性区分问题和具有社会科学属性并带有普遍性的综合性学科类目。

统计学理论、统计方法及世界各国统计工作与统计资料汇编等方面的文献入

"C8 统计学"。

| 题名与责任者说明 | 200 | 1 | ▪a武汉统计年鉴▪AWu han Tong ji Nian jian▪d= Wuhan statistical yearbook▪f武汉市统计局编▪zeng |
| 中图法分类号 | 690 | | ▪aC832.631▪v4 |

关于专类统计学的文献入有关各类。

| 题名与责任者说明 | 200 | 1 | ▪a人力资源统计学▪ARen Li Zi Yuan Tong Ji Xue▪f主编王琪延，张卫红 |
| 中图法分类号 | 690 | | ▪aF241.1▪v5 |

4. D 政治、法律类文献的分类标引要点

D13　巴黎公社(1871 年)

论述巴黎公社的伟大意义及历史经验等的著作入此。

巴黎公社的史实入 K565.44。

| 题名与责任者说明 | 200 | 1 | ▪a巴黎公社▪Aba li gong she▪f史唯编 |
| 中图法分类号 | 690 | | ▪aD13▪v4 |

| 题名与责任者说明 | 200 | 1 | ▪a一八七一年巴黎公社史▪Ayi ba qi yi nian ba li gong she shi▪f(苏)热卢鲍夫斯卡娅，e.A.等编 |
| 中图法分类号 | 690 | | ▪aK565.44▪v4 |

D15　十月社会主义革命(1917 年)

论述俄国十月革命的伟大意义及历史经验等的著作入此。

史实入 K512.51。

| 题名与责任者说明 | 200 | 1 | ▪a十月革命对中国革命的影响▪Ashi yue ge ming dui zhong guo ge ming de ying xiang▪f丁守和，殷叙彝，张伯昭著 |
| 中图法分类号 | 690 | | ▪aD15▪v4 |

题名与责任者说明	200	1	▪a伟大十月社会主义革命▪AWei Da Shi Yue She Hui Zhu Yi Ge Ming▪f(苏)基姆，M.П.著▪f(Su) Ji Mu , , . Zhu▪g党凤德等译
学科名称主题	606	0	▪a十月社会主义革命▪AShi Yue She Hui Zhu Yi Ge Ming▪x历史事件
中图法分类号	690		▪aK512.51▪v4

5. E 军事类文献的分类标引要点

E09　军事学史、军事思想史

历代兵法、战法及其评论研究入 E89。

| 题名与责任者说明 | 200 | 1 | ▪a治兵之道▪Azhi bing zhi dao▪f卜延军，卜天译注 |
| 中图法分类号 | 690 | | ▪aE09▪v4 |

| 题名与责任者说明 | 200 | 1 | ▪a孙子兵法▪Asun zi bing fa▪f雅瑟编著 |
| 中图法分类号 | 690 | | ▪aE892.25▪v4 |

E1　世界军事

E19 军事史

| 题名与责任者说明 | 200 | 1 | ▪a第二次世界大战太平洋战场▪Adi er ci shi jie da zhan tai ping yang zhan chang▪f西风编著 |
| 中图法分类号 | 690 | | ▪aE195.2▪v5 |

E2　中国军事

E29 军事史（战史、建军史）

| 题名与责任者说明 | 200 | 1 | ▉a新四军浙东游击纵队史▉Axin si jun zhe dong you ji zong dui shi▉f浙江省新四军历史研究会编著 |
| 中图法分类号 | 690 | | ▉aE297.32▉v5 |

战争史入 K1/7 有关各类。

| 题名与责任者说明 | 200 | 1 | ▉a武昌首义▉AWu Chang Shou Yi▉e辛亥革命在湖北▉f吴剑杰著 |
| 中图法分类号 | 690 | | ▉aK257.06▉v4 |

6. F 经济类文献的分类标引要点

F 类是《中图法》第五版增删改类目数最多的一个大类,如:F209 涉外经济管理,F26 产业经济,F719.52 博彩业、彩票业,F740.46 国际贸易代理,F590.7 各类型旅游,F840.6 各类型保险等。

| 题名与责任者说明 | 200 | 1 | ▉a产业经济学▉Achan ye jing ji xue▉d= Industrial economics▉f高志刚主编▉zeng |
| 中图法分类号 | 690 | | ▉aF26▉v5 |

7. G 文化、科学、教育、体育类文献的分类标引要点

G3 科学、科学研究

总论科学研究(包括社会科学和自然科学)的著作入此。

总论社会科学研究的著作入 C;总论自然科学研究的著作入 N;关于具体学科的研究的著作入有关各类。

| 题名与责任者说明 | 200 | 1 | ▉a科学的先天形式研究▉Ake xue de xian tian xing shi yan jiu▉f代利刚著 |
| 中图法分类号 | 690 | | ▉aG3▉v5 |

| 题名与责任者说明 | 200 | 1 | ▉a进化社会科学导论▉AJin Hua She Hui Ke Xue Dao Lun▉d= Evolutionary social sciences: an introduction▉f罗力群著▉zeng |
| 中图法分类号 | 690 | | ▉aC▉v5 |

《中图法》第五版合并 G25、G35 图书馆学情报学体系,G25 类名由"图书馆学、图书馆事业"改为"图书馆事业、信息事业",G35 类全部停用。

8. H 语言、文字类文献的分类标引要点

H319.4 读物

以提高阅读能力为目的的各科简易读物、对照读物、注释读物入此。

| 题名与责任者说明 | 200 | 1 | ▉a福尔摩斯探案选▉Afu er mo si tan an xuan▉e中英对照版▉f(英)柯南·道尔著▉g周克希译 |
| 中图法分类号 | 690 | | ▉aH319.4▉v5 |

9. I 文学类文献的分类标引要点

各国文学中的文学理论、文学评论和研究欬木,按被研究对象的国别和时代归类,各国文学作品的分类,先依著者的国籍分类,再依文学体裁进行区分;作者国籍发生变化时,按改变后的国籍为分类依据;包括两个时期的文学作品集,按后

一时期分,跨时代的作品,按写作完成的时代分。

题名与责任者说明	200	1	▇a中国文学史▇Azhong guo wen xue shi▇f(英) 翟理斯著▇g刘帅译
中图法分类号	690		▇aI209.2▇v5

题名与责任者说明	200	1	▇a沙皇的信使▇Asha huang de xin shi▇d= Michael Strogoff▇f(法)儒勒·凡尔纳著▇g周国强译▇zeng
中图法分类号	690		▇aI565.44▇v5

10. J 艺术类文献的分类标引要点

摄影艺术入 J4;摄影技术入 TB8。

题名与责任者说明	200	1	▇a手机旅行摄影▇Ashou ji lu xing she ying▇f龙飞编著
中图法分类号	690		▇aJ416▇v5

题名与责任者说明	200	1	▇a不可不知的闪光灯摄影技法▇Abu ke bu zhi de shan guang deng she ying ji fa▇f侯俊罐著
中图法分类号	690		▇aTB811▇v5

11. K 历史、地理类文献的分类标引要点

K81　传记

包括有关人物的传记、生平事迹、回忆录、访问记、年谱、生卒年表、日记、书信、纪念文集、墓志铭、祭文、悼词、哀挽录、照片、肖像等。

传记文献分为总传和分传,总传即包括多人的传记集;分传为只写一个人的传记。类分传记文献时,先依国家分,再依人物类型和时代区分。

题名与责任者说明	200	1	▇a编程人生▇Abian cheng ren sheng▇d= Coders at work▇e15位软件先驱访谈录▇f(美) Peter Seibel著▇g图灵社区译▇zeng
中图法分类号	690		▇aK816.16▇v5

12. N 自然科学总论类文献的分类标引要点

N945 系统工程,系统模型、系统建模入 N945.12,系统仿真入 N945.13,系统决策入 N945.25。

题名与责任者说明	200	1	▇a系统建模与仿真▇Axi tong jian mo yu fang zhen▇d= System modeling and simulation▇f张晓华编著▇zeng
中图法分类号	690		▇aN945.12▇v5

13. O 数理科学和化学类文献的分类标引要点

注意区别应用与被应用关系的文献,总论某种理论应用的文献入本学科有关类目,专论在某一方面应用的文献归入应用到的学科类目。如:

题名与责任者说明	200	1	▇a应用线性代数▇Aying yong xian xing dai shu▇f主编赵晓
中图法分类号	690		▇aO151.2▇v5

题名与责任者说明	200	1	▇a数理金融学导论▇AShu Li Jin Rong Xue Dao Lun▇f张永林编著
中图法分类号	690		▇aF830-43▇v4

14. P 天文学、地球科学类文献的分类标引要点

P4 大气科学(气象学)是研究地球大气中各种现象的形成原因、时间、空间分布和演变规律以及如何利用这些规律为人类服务的一门学科。关于各种大气物理现象如大气辐射、大气温度、霜、风、雾等方面的文献入 P42 有关各类,雾霾入 X51 大气污染及其防治。

15. Q 生物科学类文献的分类标引要点

新概念的分类,如:

Q785 转化及克隆

基因文库、转基因技术等入此。

题名与责任者说明	200	1	■a转基因解析■Azhuan ji yin jie xi■d= Genetically modified■f杨青平著■zeng
中图法分类号	690		■aQ785■v5

16. R 医药、卫生类文献的分类标引要点

《中图法》第五版新增:

R-058　医学信息学

数字医疗、医学专家系统、远程医学、医学情报学、医学信息资源检索和利用入此。

17. S 农业科学类文献的分类标引要点

常见主题的分类,如:

S-0　一般性理论

论述农业及农业科学的对象、任务、作用等的著作入此;高新技术农业、持续农业、生态农业、有机农业、绿色农业等入此。

题名与责任者说明	200	1	■a干旱区绿洲农业可持续发展战略研究■Agan han qu lv zhou nong ye ke chi xu fa zhan zhan lue yan jiu■f李万明等编著
中图法分类号	690		■aS-0■v4

18. T 工业技术类文献的分类标引要点

由于技术发展变化,《中图法》第五版 T 类尤其是 TP 类增删改类目幅度最大。如:

TP333.91 移动存贮器,TP317.6 游戏软件等。

题名与责任者说明	200	1	■aWindows游戏编程实践指导■AWindows You Xi Bian Cheng Shi Jian Zhi Dao■f李俊琴, 罗林编著
中图法分类号	690		■aTP317.61■v5

19. U 交通运输类文献的分类标引要点

由于近十年我国交通运输体制转轨,交通运输工具、设备、道路快速发展,《中图法》第五版对 U 类做了较大修订。如:

U293.5 城市旅客运输

客运专线、高速列车的旅客运输入此。

专论城市轻轨电车旅客运输入 U492.4 +33

U463.67 +5 汽车导航、雷达系统

20. V 航空、航天类文献的分类标引要点

新概念的分类,如:V211.8 飞行器计算机仿真,V419 + .6 空间生命科学。

21. X 环境科学、安全科学类文献的分类标引要点

X508 环境污染调查

某地区废物污染调查入此。

依世界地区表分,中国再依中国地区表分。

题名与责任者说明	200	1	■a留一个什么样的中国给未来:中国环境警示录■f聂晓阳主编■FNie Xiao Yang Zhu Bian■ALiu Yi Ge Shi Mo Yang De Zhong Guo Gei Wei Lai: Zhong Guo Huan Jing Jing Shi Lu
中图法分类号	690		■aX508.2■v4

X708   行业、废物污染调查

总论各行业污染调查入此。

各地区的污染综合调查入 X508。

题名与责任者说明	200	1	■a废弃物与污染■Afei qi wu yu wu ran■e对环境和健康的影响■d=Dechets et pollution■eimpact sur i'environment et al sante■f(法) 克里斯蒂昂·思戈, 阿兰·雷冈著■g鄂勇译■zfre
中图法分类号	690		■aX708■v4

22. Z 综合性文献的分类标引要点

Z 综合性图书包括丛书,百科全书、类书,辞典,论文集、全集、选集、杂著,年鉴、年刊,期刊、连续出版物,图书报刊目录、文摘、索引。对已编列有专类的综合性图书,应归入相应的类目。

题名与责任者说明	200	1	■a化工辞典■Ahua gong ci dian■f王箴主编
中图法分类号	690		■aTQ-61■v4

用《中图法》第五版对文献所作的分类标目记录在690字段,已使用《中图法》其他版次类分的文献,若分类号与五版分类号不同时,则重复690字段,$ v 子字段选用相应的版次说明。其他分类法的分类号如"中国十进分类法(皮高品分类法)"、"中国科学院图书馆图书分类法"、"中国人民大学图书馆图书分类法"等分别著录在686、692、694等相应字段。

文献分类标引的基本原则参见 附录一:CALIS 文献分类标引原则

7XX　知识责任块

本信息块记录需要建立检索点的知识责任,即对所编文献的知识内容负有某种责任形式的个人或团体的名称。

700 个人名称—主要知识责任

701 个人名称—等同知识责任

702 个人名称—次要知识责任

710 团体名称—主要知识责任

711 团体名称—等同知识责任

712 团体名称—次要知识责任

720 家族名称—主要知识责任

721 家族名称—等同知识责任

722 家族名称—次要知识责任

730 名称—知识责任

由于中国文献编目规则没有主要款目标目概念,所以不启用 700、710、720 主要知识责任字段。

在我国编目实践中,负有主要知识责任的个人或团体名称记录在 701、711 和 721 等同知识责任者字段,如著作的创作者和对作品的知识和艺术内容负有直接责任的著作者(文字、绘画、书法、摄影、词曲、地图绘制、口述者等);其他记录在 702、712 和 722 字段,如对著作的知识内容和艺术作品进行加工整理或再创作的责任者(注释者、译者、编译者、校点者、校订者、修订者、整理者、插图者、笔录者等)。

701 字段　个人名称—等同知识责任

本字段记录以检索点形式出现的对作品负有等同知识责任的个人名称。

本字段选择使用,可重复。

指示符

指示符 1:未定义,空位。

指示符 2:名称形式指示符

0　名称按直序方式(西方人在姓之前的名)著录。中国人虽先姓后名,但是直序,取值"0"。

1　名称按倒序方式(按姓)著录

说明:当标目入口词只包括姓,第 2 指示符取"1",其余均取"0"。

子字段表

子字段标识符	描述	注释
＄a	款目要素	必备,不可重复
＄b	名称的其余部分	不可重复
＄c	名称附加(不包括年代)	可重复
＄d	世次(罗马数字)	不可重复
＄f	年代(包括朝代)	不可重复
＄g	首字母名的展开形式	不可重复
＄p	任职机构/地址	不可重复
＄3	规范记录号	不可重复
＄4	关系词代码	可重复
＄9(CALIS 用 ＄A)	款目要素汉语拼音	不可重复

＄c 名称附加成分包括称谓、职称、头衔、职业等。

＄f 年代(包括朝代),记录生年、卒年、生卒年、事业鼎盛期等。

＄g 外国人姓名原文,置于圆括号内,姓前名后,用逗号相隔;无法区分姓和名时,按所见顺序照录。外国人个人名称中的原文部分和生卒年等信息,可以参考数据库中相关的外文名称标目和 LC 名称规范档 http://authorities/loc.gov

＄4 关系词代码,包括主编、编、著、编著、译、点校、注释等。

＄9(CALIS 用 ＄A)款目要素汉语拼音由系统自动生成。

例:

| 人名等同责任 | 701 | 0 ■a刘慈欣■ALiu Ci Xin■4著 |

| 人名等同责任 | 701 | 0 ■a阿来,■Aa lai■f1959-■4著 |

| 人名等同责任 | 701 | 1 ■a汤普森■ATang Pu Sen■g(Thompson, Hunter S.)■4著 |
| 人名次要责任 | 702 | 0 ■a经雷■AJing Lei■4译 |

701 #0 ＄a 诺罗敦·西哈努克 ＄c（亲王, ＄gNorodom Sihanouk）, ＄f1922 – 2012 ＄4 著

2012 年 CALIS 中文三级编目员考试试题:（选择题）:

《野性的呼唤》杰克·伦敦著,701 字段正确著录格式（B）

A. 701#0 ＄a 杰克·伦敦, ＄bJ. ＄g（London, Jack）＄4 著

B. 701#0 ＄a 杰克·伦敦 ＄g（London, Jack）＄4 著

C. 701#1 ＄a 杰克·伦敦 ＄g（London, Jack）＄4 著

D. 701#1 ＄a 杰克·伦敦, ＄bJ. ＄g（London, Jack）＄4 著

702 字段　个人名称—次要知识责任

本字段记录以检索点形式出现的对作品负有次要知识责任的个人名称。

本字段的使用方法、指示符、子字段与 701 字段相同。

例:

| 人名等同责任 | 701 | 1 ■a培根■APeigen■g(Bacon, Francis),■f1561-1626■4著 |
| 人名次要责任 | 702 | 0 ■a蒲隆■APu Long■c(翻译),■f1941-■4译 |

| 人名等同责任 | 701 | 0 ■a马克·吐温■AMake Tuwen■g(Twain, Mark),■f1835-1910■4著 |
| 人名次要责任 | 702 | 0 ■a朱建迅,■AZhu Jianxun■f1955-■4译 |

2012 年 CALIS 中文三级编目员考试试题:

文献责任者信息为:大卫·基斯（David Keys）;按 CALIS 联合目录规定,70X 字段标目形式为（拼音子字段略）:70X #1 ＄a 基斯, ＄bD. ＄c（Keys, David）（B）

　A. 正确　B. 错误

中文个人名称:用于区别他人、确认并证实人物身份的个人姓名或等同于姓名的词语,称为个人名称,包括姓名、姓、名、笔名、法名、帝王名称等。

　中文个人名称涵盖范围:汉族人的汉语名称、少数民族的汉语音译名称、外国人的汉译姓名。

中文个人名称标目 = 个人名称 + 附加成分(限制性信息)

附加成分是识别和区分标目的重要元素,常见的有:

. 年代(生卒年、生年、卒年、创作鼎盛期、活动高峰期、朝代)

. 各种称号(夫人、女士、亲王、地质学家)

. 世系世袭标识(世次)

. 原文姓名(姓,名)

. 学科、性别、职业等附加信息

中文个人名称选取原则:

选择为人熟知的形式,即显著出现在文献中的名称,或是被目录用户广为接受的名称。

如:海岩,1954,姓名全称侣海岩,他的文艺作品署名"海岩",CNMARC 著录为:

人名等同责任　701　0 ■a海岩,■AHai Yan■f1954-■4著

大多数个人只有一个名称形式,直接选择文献上所见形式。当一个人有两个或两个以上名称形式,选择最为人熟知,若无法判断哪一个最为人熟知,依次选择:

. 本人在著作中最常用的名称形式

. 工具书中最常用的名称形式

. 本人最近使用的名称形式

某些特例允许一个人有多个名称形式:如李叔同弘一。

各种个人名称标目

. 普通汉语名称标目

. 笔名和艺名

. 少数民族名称标日

. 宗教人物名称标目

. 古代人物名称标目

. 古代帝王名称标目

. 外国人名称标目

．家族名称

普通汉语名称标目时附加生卒年、学科、性别、职业等附加信息，是识别重名的依据。

| 人名等同责任 | 701 | 0 | ■a刘芳，■Aliu fang■f1964-■4著 |
| 人名等同责任 | 701 | 0 | ■a刘芳，■ALiu Fang■f1981-■4著 |

笔名和艺名：当一个人的笔名、艺名、网名比本名更为人熟知，选用笔名或艺名作为个人名称标目中的名称。通常为作家、评论家、演员、网络作家等。

| 人名等同责任 | 701 | 0 | ■a辛夷坞，■Axin yi wu■f1981-■4著 |

少数民族的称呼和姓名演化复杂，按"名从主人，约定俗成"的原则，选取文献上经常出现的形式或工具书中的名称形式作为个人名称形式，该名称可能是姓名的一部分，也可能是姓名的全部。可能是姓前名后，也可能是名前姓后。当出现相同名称，而生卒年不详，无法区分不同的名称时，区分名称部分，例如：某民族通常以名称呼，若有同名者，其中一个可取其姓名全部以区分另外一个，或追加其他附加成分，例如职业、称呼等。

| 人名等同责任 | 701 | 0 | ■a赛福鼎·艾则孜■Asai fu ding · ai ze zi■4著 |

宗教人物除了有俗名，还有法名、法号等多种名称。通常选法名、道号作为标目中的名称，有的宗教领袖以世系称号著称。宗教人物名称在必要时，也可附加"法师"、"和尚"、"居士"、"道士"、"阿訇"等宗教称谓。

| 人名等同责任 | 701 | 0 | ■a圣严■ASheng Yan■c法师，■f1930-2009■4著 |

一般情况下依据《宗教大辞典》（任继愈主编，1998 年）或其他宗教辞典中含有人物介绍内容的人名标题，同时兼顾"惯用名称"、"约定俗成"和无歧义等原则。

玄奘，602－664（唐释）玄奘［法名，唐高僧，本姓陈，名祎，俗称唐三藏］

| 人名等同责任 | 701 | 0 | ■a玄奘，■Axuan zang■f602-644■4著 |

古代人物名称标目一般模式：本名＋生卒年（创作鼎盛期年号，世纪，朝代）

| 人名等同责任 | 701 | 0 | ■a凌濛初，■Aling meng chu■f明代■4著 |

古代人除了名，常有表字、别号、室名、别名等名称，一般采用本名或惯用名称。

| 人名等同责任 | 701 | 0 | ■a李清照，■ALi Qingzhao■f1084-1155■4著 |

根据推测的估算年可在公元纪年后加"?",也可在公元纪年前加"约"字样。

人名等同责任	701	0	■a曹雪芹,■ACao Xueqin■f1715?-1763?■4著
人名等同责任	701	0	■a高鹗,■AGao E■f约1738-约1815■4著

古代帝王名称标目一般模式:帝王名称＋生卒年。帝王名称包括帝王称号、谥号、庙号等,根据唯一性原则,古代帝王名称的选择一般遵循:

. 五帝,以帝王的惯用名称作为标目;

. 夏商朝代,原则上以帝王名作为名称;

. 周至隋朝,以帝王谥号作为标目名称;

. 唐至清朝,以帝王庙号作为标目名称;

. 秦朝以人们熟知的帝王世次作标目名称:秦始皇、秦二世;

. 东晋十六国,五代十国,按习惯直呼其名。

人名等同责任	701	0	■a李璟,■ALi Jing■f916-961■4著
人名等同责任	701	0	■a李煜,■ALi Yu■f937-978■4著

外国人名称标目入口词采用汉译姓、用汉译姓名、名姓或名。附加成分包括生卒年、原文姓名、贵族头衔、宗教职务、称号、皇位等称号。原文姓名指本国官方文字的姓名形式,如果无从查找,也可采用习见的拉丁文字形式的名称。名称通常源于在编文献、权威工具书或美国国会图书馆 LC 规范记录。(http:// authorities. loc. gov)

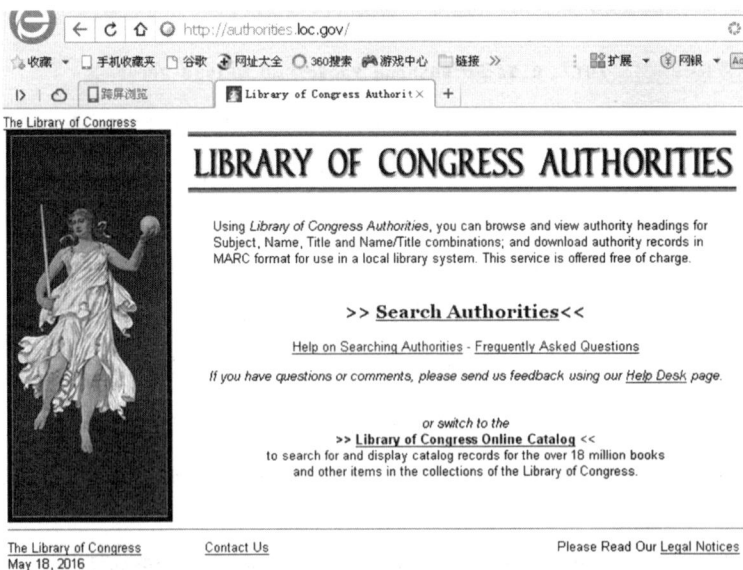

人名等同责任	701	1	▌a卢梭▌ALusuo▌g(Rousseau, Jean-Jacques),▌f1712-1778▌4著
人名等同责任	701	1	▌a莎士比亚▌Asha shi bi ya▌g(Shakespeare, William),▌f1564-1616▌4著
人名等同责任	701	0	▌a马克·吐温▌AMake Tuwen▌g(Twain, Mark),▌f1835-1910▌4著

家族名称一般由家族的姓氏和"家族"等词语组成,如:

沈氏家族(宁夏银川)

洛克菲勒家族(美国)

区分同姓家族通常用家族起源地,作为限制信息置于圆括号内,如:

孔氏家族(曲阜)

孔氏家族(山西太谷县)

编目实践中很少遇见作为责任者的家族名称,有时会作为家族主题标引。

711 字段　团体名称—等同知识责任

本字段记录以检索点形式出现的对作品负有等同知识责任的团体名称。

本字段选择使用,可重复。

指示符

指示符1:会议指示符

　　0 团体名称。普通团体名称。

　　1 会议。

如果一个会议与一个团体紧密连接,许多编目条例规定,将该会议作为该团体的附属团体来记录,第1指示符取值"0"。CALIS规定机构团体的会议,如学会的年会、党中央的会议等,属于团体标目,第1指示符=0,专题会议名称标目,第1指示符=1。

指示符2:名称形式指示符

　　0　名称以倒序方式著录

　　1　名称以地区或辖区著录

　　2　名称以直序方式著录

子字段表

子字段标识符	描述	注释
$ a	款目要素	必备,不可重复
$ b	次级部分	可重复
$ c	名称附加或修饰词	可重复
$ d	会议届次	可重复
$ e	会议地址	不可重复
$ f	会议日期	不可重复
$ g	倒置部分	不可重复
$ h	名称的其余部分	可重复
$ p	机构/地址	不可重复
$ 3	规范记录号	不可重复
$ 4	关系词代码	可重复
$ 9(CALIS 用 $ A)	款目要素汉语拼音	不可重复

$ d、$ e、$ f 的排列顺序为 $ d、$ f、$ e,并置于圆括号内,CNMARC 著录形式为:$ d(第 6 届,第 1 次:$ f1998:$ e 武汉市,湖北省)

团体名称是特定的一种名称标识,它是作为一种实体或可能作为一种实体进行活动的一个组织或一群人,如政府、政府机构、协会、学会、公司或商行、非营利企事业单位、项目计划、宗教团体、运动会、竞赛会、展览会、探险队、博览会、节庆会(会议和特设的临时性组织)等,船只、航天飞机等也视为团体。

为使上级机构相同的团体集中排序,团体名称标目采用多层次标目,有主标目(一级标目)和从属标目(次级标目),如:

中国共产党[主标目]上海市委员会[从属标目]宣传部[从属标目]

团体次要责任	712 02 ■a中国共产党■Azhong guo gong chan dang■b上海市委员会 ■Bshang hai shi wei yuan hui■b宣传部■4编

如果团体名称相同,应该追加名称附加信息(限制信息),以区分两个或多个类似的团体名称;有时也为了增强其识别性而追加附加信息。

中国/大使馆(俄罗斯)

注:"/"为多层次标目的分隔符。

根据编目实践,团体名称标目类型可分为:

. 政党

. 中国人民政治协商会议

. 国家及地方政府机构

. 科教文卫机构

. 中国人民解放军

. 人民团体群众组织

. 宗教团体及寺庙教堂

. 外国团体名称

. 会议

政党团体类型包括政党、中央机构、地方各级机构等。

政党名称采用全称,如:中国共产党、中国民主同盟、中国农工民主党、中国民主建国会、中国民主促进会、中国致公党、九三学社、台湾民主自治同盟、中国国民党革命委员会。

政党的中央机构以政党名称为主标目,中央机构名称,中央直属部委、办事、议事机构的名称为一级从属标目,其下属部门为二级从属标目,如:

题名与责任者说明	200	1	■a聚焦中国■Aju jiao zhong guo■e社会焦点各界谈■f中共中央宣传部《党建》杂志社策划并采写
团体次要责任	712	02	■a中国共产党■Azhong guo gong chan dang■b中央宣传部■Bzhong yang xuan chuan bu■b《党建》杂志社■B《dang jian 》 za zhi she■4采写

地方各级组织、党组一般模式:主标目(党派名称全称) + 从属标目(地方党组织名称) + 从属标目,如中国共产党/上海市委员会/组织部,而不用中共上海市委/组织部

团体次要责任	712	02	■a中国共产党■Azhong guo gong chan dang■b上海市委员会■Bshang hai shi wei yuan hui■b宣传部■4编

中共中央直属的事业单位,国务院直属事业机构、地方各级组织和党组直属的事业单位,如中共中央党校、中共中央文献研究室、中共中央编译局、求是杂志社等,以其全称作标目。

团体等同责任	711	02	■a中共中央党校■Azhong gong zhong yang dang xiao■b马克思理论教研部■Bma ke si li lun jiao yan bu■4编
团体等同责任	711	02	■a中共中央文献研究室■Azhong gong zhong yang wen xian yan jiu shi■4编
团体等同责任	711	02	■a中共中央编译局■Azhong gong zhong yang bian yi ju■4编

| 团体等同责任 | 711 | 02 | ■a求是杂志社■b政治编辑部■AQiu shi za zhi she■BZheng zhi bian ji bu■4编 |

政协标目采用全称"中国人民政治协商会议",政协中央、政协全国委员会的工作机构、政协地方各级机构以中国人民政治协商会议作主标目,全国委员会、工作机构的名称、工作机构的下属机构为从属标目。

| 题名与责任者说明 | 200 | 1 | ■a开国盛典■Akai guo sheng dian■e中华人民共和国诞生重要文献资料汇编■f卜晋平主编■g政协全国委员会办公厅编 |

| 团体次要责任 | 712 | 02 | ■a中国人民政治协商会议■Azhong guo ren min zheng zhi xie shang hui yi■b全国委员会■Bquan guo wei yuan hui■b办公厅■Bban gong ting■4编 |

| 团体次要责任 | 712 | 02 | ■a中国人民政治协商会议■Azhong guo ren min zheng zhi xie shang hui yi■b武汉市洪山区委员会■b文史学习委员会■4编 |

政协各级会议在各级标目后附加会议信息(届次:年代:地点)

原题:中国人民政治协商会议第八届委员会第二次会议

| 团体等同责任 | 711 | 02 | ■a中国人民政治协商会议■Azhong guo ren min zheng zhi xie shang hui yi■b全国委员会■Bquan guo wei yuan hui■b办公厅■Bban gong ting■d(第8届,第2次:■f1994 :■e北京)■4编 |

为了方便全球范围对我国政府机构的识别,国家级政府机构以"中国"作主标目。

政府团体涵盖范围:

全国人民代表大会和各级人民代表大会

| 团体等同责任 | 711 | 02 | ■a中国■Azhong guo■b全国人民代表大会■Bquan guo ren min dai biao da hui■b常务委员会■Bchang wu wei yuan hui■b法制工作委员会■Bfa zhi gong zuo wei yuan hui■b民法室 |

| 团体次要责任 | 712 | 01 | ■a湖北省■AHu Bei Sheng■b人民代表大会■Bren min dai biao da hui■b常务委员会■Bchang wu wei yuan hui■4组织编写 |

国家元首与政府首脑

模式:国家/职务(任职期:姓名)

中国/国家主席(1993.3 – 2003.3:江泽民)

江泽民,1926 –

国务院和地方各级人民政府

国务院及组成部门(国务院部委)、直属机构以"中国"作主标目,部委名称、下属机构名称作从属标目。

团体等同责任	711　01　■a中国■Azhong guo■b国务院■Bguo wu yuan■b 法制办公室■Bfa zhi ban gong shi■4编

外交部、国防部、国家发展和改革委员会、教育部、国家安全部、公安部、民政部、交通运输部、科学技术部、商务部、文化部、卫计委、审计署、海关总署、国家税务总局、国家体育总局、国家统计局等,均以"中国"作主标目。

省级以下的行政区划名称作主标目是,应附以上级区划名称的限制性信息,如:

团体次要责任	712　01　■a端口镇（临安市,浙江省)■Atuan kou zhen　（ lin an shi　,　zhe jiang sheng)■b人民政府 ■Bren min zheng fu■4编

最高人民法院、地方各级人民法院和专门人民法院,最高人民检察院、地方各级人民检察院和专门人民检察院,以行政区划作主标目X级人民法院、人民检察院、下级机构等作从属标目。

团体次要责任	712　02　■a中国■Azhong guo■b最高人民法院■Bzui gao ren min fa yuan■b民事审判第二庭■Bmin shi shen pan di er ting■4编

团体次要责任	712　01　■a上海市■Ashang hai shi■b高级人民法院 ■Bgao ji ren min fa yuan■4编

使馆、领事馆

原题:中国驻日本大使馆经济商务处

团体次要责任	712　02　■a中国■Azhong guo■b大使馆(日本)■Bda shi guan(ri ben)■b经济商务处■Bjing ji shang wu chu■4编著

派驻国际或政府间组织的代表团

科教文卫机构

若机构含义明确,以该机构名称直接标目,如北京大学、紫金山天文台等。"上海交通大学附属上海市第一人民医院"直接标目为"上海市第一人民医院",不必冠上级机构"上海交通大学"。

团体次要责任	712　02　■a北京大学■Abei jing da xue■4编写

团体等同责任	711　02　■a上海市第一人民医院■4编著■Ashang hai shi di yi ren min yi yuan

机构含义不明确,以上级机构名称作为主标目,含义不明确的机构名称作为从属标目,如:中国科学院/动物研究所。

团体次要责任	712　02　■a中国科学院■Azhong guo ke xue yuan■b动物研究所 ■Bdong wu yan jiu suo■4组织编著

名称前冠有"北京"、"三峡"等地理名称字样,但是已经成为机构名称的不可

分割的一部分,不属于上级机构

．北京市总工会

．上海市档案馆

．上海图书馆

．三峡文化研究中心

中国人民解放军以全称"中国人民解放军"作为主标目,四总部、各军兵种、各军区机构及他们的下属机构作为从属标目。

| 团体等同责任 | 711 | 02 | ■a中国人民解放军■Azhong guo ren min jie fang jun■b总装备部■Bzong zhuang bei bu■b电子信息基础部■Bdian zi xin xi ji chu bu■4编著 |

武警部队以全称"中国人民武装警察部队"作为主标目,总部、XX 总队、XX 支队、XX 中队及他们的下属机构作为从属标目。

中国人民解放军或中国人民武装警察部队的科教文卫机构以其机构名称的全称直接标目,科教文卫机构的下属机构作为从属标目。

人民团体、群众组织包括工青妇、学会和协会等组织,通常由社团组织的全称作为一级标目,下属机构名称作为从属标目。

团体等同责任	711	02	■a中国共产主义青年团■Azhong Guo Gong Chan Zhu Yi Qing Nian Tuan■b北京市委员会■BBei Jing Shi Wei Yuan Hui■4编著
团体等同责任	711	02	■a北京市未成年人保护委员会■ABei Jing Shi Wei Cheng Nian Ren Bao Hu Wei Yuan Hui■4编著
团体等同责任	711	02	■a中国科学院■Azhong Guo Ke Xue Yuan■b心理研究所■BXin Li Yan Jiu Suo■4编著
团体等同责任	711	02	■a中华全国总工会■AZHONG HUA QUAN GUO ZONG GONG HUI■4主办
团体等同责任	711	02	■a中国科学技术协会■AZHONG GUO KE XUE JI SHU XIE HUI■4主办
团体等同责任	711	02	■a中国作家协会■Azhong guo zuo jia xie hui■b创研部■Bchuang yan bu■4编选

宗教团体名称以其最熟知的形式作标目,通常应该保留能识别该团体的级别或地区的词语,下级机构作为该团体的从属标目。寺庙教堂标目一般用于主题标引,记录在601 字段。寺庙教堂按团体名称标目,以其通用(惯用)的名称形式标目,并附加所在地区或可区分其他类似标目的词语做限定。

| 团体次要责任 | 712 | 02 | ■a中国伊斯兰教协会■Azhong guo yi si lan jiao xie hui■4主编 |

团体等同责任	711	12	■a道教思想与中国社会发展进步学术研究会■Adao jiao si xiang yu zhong guo she kuai fa zhan jin bu xue shu yan jiu kuai■f(2002 :■e上海市)
团体次要责任	712	02	■a中国道教协会■Azhong guo dao jiao xie hui■b道教文化研究所■4编
团体次要责任	712	02	■a上海市道教协会■Ashang hai shi dao jiao xie kuai■4编
团体次要责任	712	02	■a上海城隍庙■Ashang hai cheng huang miao■4编

外国团体名称一般选取该团体的中译名作为团体的标目,其结构可参照相应的中国团体类型的名称结构。查无中文翻译名称的外国团体,可以直接采用外文名称做标目。外国政府机构冠国家惯用名称。

团体等同责任	711	02	■a美国电气与电子工程师协会■Amei guo dian qi yu dian zi gong cheng shi xie hui■4著
团体等同责任	711	02	■a国际图书馆协会和机构联盟■Aguo ji tu shu guan xie hui he ji gou lian meng■4编
团体等同责任	711	02	■a美国化学工程师学会■Amei guo hua xue gong cheng shi xue hui■b化工过程安全中心■Bhua gong guo cheng an quan zhong xin■4著

外国公司有"约定俗成"的中译名称,用该中译名称,否则可以来用外文名称或部分外文形式。如"微软公司"、"IBM 公司"等,名称前一般不冠国名,除非该国名是公司名称的一部分。

团体等同责任	711	02	■a微软公司■Awei ruan gong si■g(Microsoft Corporation)■4著
团体等同责任	711	02	■aIBM公司■Aibm gong si■4著

国际间组织包括政府间机构,有多种文字,采用中文名称,中译名称的选择与外国团体原则相同。如世界银行、联合国教科文组织、国际劳工组织、世界卫生组织等。

团体等同责任	711	02	■a世界银行■Ashi jie yin hang■4编
团体等同责任	711	02	■a国际货币基金组织■Aguo ji huo bi ji jin zu zhi■4编
团体次要责任	712	02	■a中国人民银行■Azhong guo ren min yin hang■b金融稳定局■Bjin rong wen ding ju■4译
团体次要责任	712	02	■a联合国教科文组织■Alian he guo jiao ke wen zu zhi■b国际教育局■Bguo ji jiao yu ju■4编
团体等同责任	711	02	■a联合国环境规划署■Alian he guo huan jing gui hua shu■4编
团体等同责任	711	02	■a国际劳工组织■Aguo ji lao gong zu zhi■4编
团体等同责任	711	02	■a世界卫生组织■Ashi jie wei sheng zu zhi■4编

会议是个人和各种组织的代表,为了讨论或从事共同感兴趣的课题而举行的集会。包括国际性、全国性或地区性的各种会议,如:某机构组织的年会、专业的

或专题性研讨会、讨论会、交流会等，也包括临时特设组织或事件（如展览会、运动会、节庆会、探险队、博览会和交易会）等。建立会议标目的依据是会议名称（简称或全称）显著出现在所编文献的题名页、代题名页、封面、版权页、前言、后序等处。

例：

团体等同责任	711	02	■a全国人民代表大会■Aquan guo ren min dai biao da hui■b常务委员会■Bchang wu wei yuan hui■d(第8届，第9次　:■f1994 :■e北京市)■4通过
团体名称主题	601	02	■a中国共产党■Azhong guo gong chan dang■x党史■j会议录
学科名称主题	606	0	■a现代化建设■Axian dai hua jian she■y中国■j会议录
中图法分类号	690		■aD23-532■v5
中图法分类号	690		■aD61-532■v5
人名次要责任	702	0	■a杜绍祥■Adu shao xiang■4主编
人名次要责任	702	0	■a段超，■Aduan chao■f1964-■4主编
团体等同责任	711	12	■a湖北青年学者论坛■AHu Bei Qing Nian Xue Zhe Lun Tan■f(2011 :■e武汉市，湖北省)

2012 年 CALIS 中文三级编目员考试试题：

第 5 次全国幼儿教育学术研讨会 1996 年在上海市举行，它的标目形式为：711 12 ＄a 全国幼儿教育学术研讨会 ＄d（第 5 次：＄f1996 ：＄e 上海市）（A）

A. 正确 B. 错误

2012 年 CALIS 中文三级编目员考试试题：（选择题）

据文献前言："第三届岭南文化新探究国际学术研讨会于 1994 年 12 月在广州市举行"。会议标目形式为（拼音子字段略）:（D）

A.71102 ＄a 岭南文化新探究国际学术研讨 ＄d（第三届：＄f1994：＄e 广州市，广东省）

B.71102 ＄a 岭南文化新探究国际学术研讨 ＄d（第 3 届：＄f1994：＄e 广州市，广东省）

C.71112 ＄a 岭南文化新探究国际学术研讨 ＄d（第三届：＄f1994：＄e 广州市，广东省）

D.71112 ＄a 岭南文化新探究国际学术研讨 ＄d（第 3 届：＄f1994：＄e 广州市，广东省）

712 字段　团体名称—次要知识责任

本字段记录以检索点形式出现的对作品负有次要知识责任的团体名称。

本字段的使用方法、指示符、子字段与711字段相同。

| 团体次要责任 | 712 | 02 | ▇a中国共产党▇Azhong guo gong chan dang▇b上海市委员会▇Bshang hai shi wei yuan hui▇b宣传部▇4编 |

| 人名等同责任 | 701 | 1 | ▇a叶芝▇Aye zhi▇g(Yeats, William Butler),▇f1865-1939▇4著 |
| 团体次要责任 | 712 | 02 | ▇a睡前读诗编译组▇Ashui qian du shi bian yi zu▇4选译 |

团体名称主题	601	02	▇a中国共产党▇Azhong guo gong chan dang▇b全国代表大会▇Bquan guo dai biao da hui▇d(第16次 :▇f2002 :▇e北京▇x概况
中图法分类号	690		▇aD220▇v4
人名等同责任	701	0	▇a何平▇Ahe ping▇4主编
团体次要责任	712	02	▇a新华社▇Axin hua she▇b十六大报道组▇Bshi liu da bao dao zu▇4编写

721/722字段　家族名称—等同/次要知识责任

本字段记录以检索点形式出现的对作品负有等同/次要知识责任的家族名称。

本字段选择使用,可重复。

指示符

指示符1:未定义,空位。

指示符2:未定义,空位。

子字段表

子字段标识符	描述	注释
$a	款目要素	必备,不可重复
$f	年代	不可重复
$3	规范记录号	不可重复
$4	关系词代码	可重复
$9(CALIS用$A)	款目要素汉语拼音	不可重复

例:

721## $a肯尼迪家族, $f1988 –

主要参考工具书:

辞海. —上海:上海辞书出版社,2001年

辞源(合订本). —北京:商务印书馆,1998(1912年之前的中国个人名称参考工具书优先选用)

辞源(修订本). —北京:商务印书馆,1979

简明不列颠百科全书 . —北京；上海：中国大百科全书出版社,1985(西方人翻译名称形式优先选用)

不列颠百科全书(国际中文版) . —北京：中国大百科全书出版社,1999

中国大百科全书(简明版) . —北京：中国大百科全书出版社,1998

世界人名翻译大词典/郭国荣主编 . —北京：中国对外翻译出版公司,1993

宗教大辞典/任继愈主编 . —上海：上海辞书出版社,1998(宗教人物名称标目)

中国古代帝王名称规范表/张明东 . —北京：北京大学图书馆,1996(非正式出版物)

苏联百科词典 . —北京；上海：中国大百科全书出版社,1986

日本姓名词典(汉字序)/史群编 . —北京：商务印书馆,1982

日本姓名词典(拉丁字母序)/史群编 . —北京：商务印书馆,1979

日本姓名词典(假名序)/史群编 . —北京：商务印书馆,1979

中国人名大辞典(各卷) . —上海：上海辞书出版社,1992

外国人名辞典 . —上海：上海辞书出版社,1988

中国文学家辞典 . —成都：四川文艺出版社,1992

世界文学家大辞典 . —长春：吉林教育出版社,1990

中国佛教人名大词典/震华法师 . —上海：上海辞书出版社,1999

道教大词典 . —北京：华夏出版社,1994

中华人民共和国行政区划代码(GB/T 2260 – 2007)/中华人民共和国质量监督检验检疫总局,中国国家标准化管理委员会发布 . —北京：中国标准出版社,2008

中华人民共和国地名大词典/崔乃夫主编 . —北京：商务印书馆,1998

世界地名手册/《世界地名手册》编辑组编 . —北京：中国地图出版社；测绘出版社,1999

世界人名翻译大全[光盘] . —北京：参考消息报社,新华社译名室出品

国会图书馆规范名称网址 http://authorities. loc. gov/

8XX　国际使用块

包含国际上一致约定的不适于在 0XX 至 7XX 处理的字段。

801　记录来源

802　ISSN 中心

830　编目员注释

856　电子文件地址与检索

801 字段　记录来源

本字段记录数据的来源,包括:产生数据的机构、将数据转换成机读形式的机构、修改原始记录或数据的机构以及发行记录的机构。

本字段必备,可重复(本字段只有在有改动的情况下方可重复)。

指示符

指示符 1:未定义,空位。

指示符 2:功能指示符,该指示符标识 $ b 子字段中给出的机构的功能。

0　原始编目机构

1　转录机构

2　修改机构

3　发行机构

子字段表

子字段标识符	描述	注释
$ a	国家代码	不可重复
$ b	机构代码	必备,不可重复
$ c	处理日期	不可重复
$ g	编目条例代码	可选用,可重复
$ 2	机读记录格式的名称	可选用,不可重复

| 记录来源字段 | 801 | 0 | ■aCN■bNHL■c20160823 |
| 记录来源字段 | 801 | 2 | ■aCN■bPUL■c20161103 |

802 字段　ISSN 中心

本字段记录负责分配 ISSN 和识别题名的 ISSN 中心的机构代码。不可重复。

指示符

指示符 1：未定义，空位。

指示符 2：未定义，空位。

子字段

＄a ISSN 中心代码 必备，不可重复。

该代码包含两个字符位，具体代码查《ISDS 手册》的附录 C，中国的 ISSN 中心代码为 22。

856 字段　电子资源定位与检索

本字段包含记录所描述的电子文献的获取信息，可重复。

指示符

指示符 1：检索方法

＃　无信息提供

0　电子邮件(E－mail)

1　文件传输协议(FTP)

2　远程登录(Telnet)

3　拨号上网(Dial－up)

4　超文本传输协议(HTTP)

7　在＄y 子字段说明检索方法

指示符 2：未定义，空位。

子字段表

子字段标识符	描述	使用说明	注释
＄a	主机名	域名	可重复
＄b	检索号	IP 地址或电话号码。	可重复
＄h	文件压缩信息		可重复
＄d	路径	说明文件存储位置。	可重复

续表

子字段标识符	描述	使用说明	注释
$e	查询与检索的日期和时间	记载电子文献最近一次被检索的时间。	不可重复
$f	电子文件名称	指 $d 目录/子目录下的电子文件名称。	可重复
$h	用户名或请求处理者名	常指主机地址 @前的数据。	不可重复
$i	指令	远程操作时所需的指令。	可重复
$j	位/秒	通讯率,即与主机连通后每秒可传输的最小和最大的二进制位数。	不可重复
$k	口令		不可重复
$l	登录/注册		可重复
$m	协助检索的联系信息	提供联系人名,协助检索 $a 所著录的主机数据资源。	可重复
$n	记录在 $a 的主机地名		不可重复
$o	操作系统	在 $a 中著录的主机所用操作系统。	不可重复
$p	端口		不可重复
$q	电子文件格式类型	可以从因特网上注册的媒体类型(MIME)等列表中获取。	不可重复
$r	设置	在传输数据时所需的设置。	不可重复
$s	文件大小	通常用字节数表示。	可重复
$t	终端类型	通常在远程登录时使用。	可重复
$u	统一资源标识	提供利用现有的 Internet 协议自动检索位置和目标的标准句法。	不可重复
$v	有效检索时间		可重复
$w	记录控制号		可重复

续表

子字段标识符	描述	使用说明	注释
$x	非公共附注	与 856 字段相关的附注,附注形式不完整或不用于公开显示。	可重复
$y	检索方式	第 1 指示符为 7 时的检索方式。	不可重复
$z	公共附注	与 856 字段相关的附注,附注形式完整或用于公开显示。	可重复
$2	链接文本	$2 链接的是内容,$u 链接的是目标。	可重复

常用子字段:$u、$2、$z。

该字段需要经常维护,在普通图书中的实例很少。

9XX　国内使用块

包括国内各系统使用的本单位馆藏数据字段。

905 字段　馆藏信息

本字段可重复,指示符未定义。

子字段表

子字段标识符	描述	注释
$a	收藏单位代码或名称	可重复
$b	登录号	可重复
$c	排架区分号	可重复
$d	分类号	可重复
$e	书次/种次号	可重复
$s	索取号	不可重复
$v	入藏卷期	可重复
$y	年代范围	可重复

$v、$y 是为入藏的连续性资源而设置的。用户可根据需要增设其他子字

段,在交换数据时对增设内容加以说明。

汇文系统在业务窗口根据前面的分类号字段的内容分配种次号后可自动生成 905 字段:

Z89 文摘、索引

　　综合性文摘、索引入此;专科、专题的文摘、索引也入此。

　　按本分类法体系分,即将各学科的分类号码加于本分类号之后,用组配符号":"组合。例:化工文摘为 Z89:TQ。

　　如愿入有关各类,可在各学科的类号后再加总论复分号-7。

G25 图书馆事业、信息事业
G250 图书馆学、情报学

第三章

汇文图书馆集成管理系统中编目模块的操作

图书馆管理系统是实现图书馆工作现代化的基础,是保证信息资源共建、共享的重要手段。书目记录是图书馆计算机管理以及国际间和国内书目机构、图书馆、情报部门之间的资源共享和交流的基础,编目模块是图书馆自动化集成管理系统中必不可少的部分,目前图书馆的编目工作已基本实现自动化。

一、汇文系统简介

汇文文献信息服务系统(Libsys)是江苏汇文软件有限公司研制开发的图书馆行业的信息管理系统,自 1999 年起在全国范围推广,到目前为止已为国内近 700 多家知名高校和公共图书馆所选用,其中包括教育部公布的 39 所"985"学校中的 15 所,116 所"211"学校中的 50 所大学,是目前国产同类软件中用户较多的图书馆管理系统之一。

汇文文献信息服务系统(Libsys)共有八个子模块:采访模块、编目模块、典藏模块、流通模块、期刊模块、系统管理、OPAC 查询和统计模块。分编工作使用编目模块。汇文系统的编目模块界面友好,操作简单。

修改密码[F1]　退出

名称：

口令：

登录

libsys

用户登录

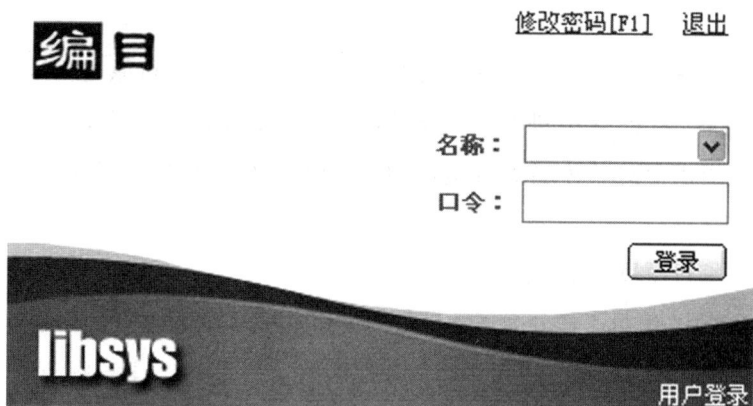

二、汇文图书馆集成管理系统中编目模块的操作

（一）汇文系统的两种编目方式

1. 套录编目

所谓套录编目,是指对文献进行编目时,从外部数据库获得与本馆文献相符的源记录,根据本馆实际情况做必要的修改,添加本馆馆藏信息项,使之成为本馆记录。

汇文提供了三种套录方法:

（1）利用外来数据套录

外来标准 MARC 数据,是我们利用外部资源加快本地编目工作的一个重要数据来源,目前国内已有许多商品化的标准数据源,图书馆在采购图书时,书商一般也随书配送数据,供编目人员在编目过程中利用,提高编目效率。

（2）利用网上资源和 CALIS 联合目录数据库下载实时数据进行套录

汇文系统内嵌 Z39.50 模块,可以直接访问 Internet 网上任意的 Z39.50 服务器,获取 MARC 记录,并直接粘贴到编辑屏中。

（3）直接从 Web 浏览器中粘贴 MARC 格式记录。

目前一些比较成熟的图书馆自动化管理系统的 OPAC 不仅可以在 Web 浏览器中详细提供所需文献的馆藏地、复本量、借阅情况等,还可以提供该文献的 MARC 格式。用鼠标左键把 MARC 部分抹蓝复制,直接粘贴覆盖在汇文编目的 MARC 上。

2. 原始编目

原始编目(简称原编),当没有外来数据可供套录时,就要进行原始编目,原编是对文献的内容、特征逐一进行描述与标引的一系列工作。汇文系统按照 CNMARC 格式提供中文图书、连续性资源的编目模板,可以直接在相应字段中按照编目规则填写。

(二)汇文编目模块操作流程

在汇文系统中,编目工作分为正常批量编目和回溯新增编目两种情况。

正常编目是利用采访数据进行编目。在前期的采访工作中,上一环节的工作人员已经建立了相应的 MARC 记录,编目人员在文件功能选项中,选中读采购交接单,得到当前送编批次的所有图书,再从批次列表中选择要编目的记录。回溯编目是对无采访数据的文献进行编目。

1. 正常编目:点击文件菜单→读交接单→选定图书批次号→点编目→出现本批次图书→编辑当前 MARC→在相应字段著录在编文献内容→保存

2. 回溯编目:选择 CNMARC 模板→编辑当前 MARC→在相应字段著录在编文献内容→保存

无论是正常编目还是回溯编目,都要先进行查重。如果数据库中已有该种文献,则直接进行 MARC 合并或利用原 MARC 进行修改,使用原来的分类号和索书号,辅以版本、卷册、年代区分,不需重复分类取号。

如果通过套录获得 MARC 数据,需对分类进行审核,同时查询本馆书目库中同类书的归类,以保证同类书分类的一致性。对多卷书、丛书分类时,除了以总书名、丛书名查重外,还要以分册题名查重,以保证著录和分类的一致性。如果分类有误,则修改分类号。分类确定后保存 MARC,然后给定索书号。如果既不是复本,也没有可套录的数据,则需进行原编。先对文献进行分类,然后在汇文系统中著录相应字段。著录完成后保存 MARC,然后给定索书号。

(三)索书号与种次号的处理

1. 取号流程

(1)正常编目取号:切换显示业务窗口→选中一条财产信息→双击打开分配索书号窗口→新增索书号→F1 自动取号→确定。

(2)回溯编目取号:切换显示业务窗口→添加复本→进入回溯 – 添加窗口→新增索书号→F1 自动取号→确定。

2. 种次号库的维护

分类种次号库中存放分类号以及对应的当前最大种次号,在菜单中选择文件功能下的分类种次号管理选项,功能是将新增、删除、修改分类索书号加入到分类种次号库中。用户必须输入分类号、分类法类型、种次号前缀、当前最大号。

3. 分类索书号的加工

显示业务窗口,双击或回车,弹出分配索书号窗口,新增、删除、修改分类索书号,在输入分类号后,程序即可根据分类号对照分类种次号库,显示该分类号已使用的种次号供选择,更新分类种次号库。

当一书的分类号在本地库没有时,先在种次号管理中新增该类,将最大号设为0,再用F1自动生成种次号。具体步骤为:

(1)点击种次号管理;

(2)点新增;

(3)输入分类号,最大号取0;

(4)确定后退出;

(5)按F1自动生成种次号(光标在分类号/后);

(6)确定。

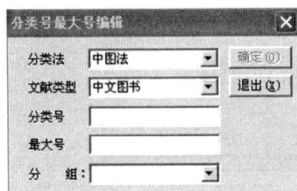

（四）添加馆藏信息

在复本信息框中选择索书号、添加财产号（回溯编目）、选择相应的馆藏地等。

选择"馆藏地"：

选择"书刊状态"：

选择"载体形态"：

选择"获得方式"：

（五）注意事项

1. 索书号字段的添加,必须在业务窗口中修改,不能直接在索书号字段(如

CNMARC 的 905 字段）上直接添加索书号，直接添加的索书号将不被系统认可，是无效的，无法查询。

2. 每个子字段前必须输入子字段标识"■"，用键盘上的"\"键。

第四章

同类书书次号的编制

一、书次号简介

索书号由分类号和书次号组成。书次号亦称同类书区分号,是为了使同类书个别化,以确定同一类中各种不同图书的次序而编制的号码,是分类索书号的组成部分之一。图书馆编目人员依据不同的分类法对馆藏图书进行有机分类管理,实现图书的分类排架,建立图书的分类检索系统。其中,书次号的使用使相同类号下的每种图书在分类目录和分类排架中有确定的位置,使图书管理与利用更为方便、有效。

目前对于采用什么号码为书次号没有统一规定,在我国使用最普遍的有两种,即种次号和著者号。种次号是按同一类中每种书的分编的先后次序依次给予1、2、3……等顺序号。种次号是以图书的"种"为单位,依据同类图书分编的先后次序,对每种图书所取的顺序号。种次号具有取号方便、重号少、区分性强、易写易记易排列的优点,所以使用频率高,但缺点也很明显:按分编先后给号,随意性大,不能与图书固有的特征相联系,难以统一,同类同著者的书不易集中排列等。著者号是为集中同一著者的不同著作而按照著者的姓氏的字顺或笔画所取的号码。著者号以著者为根本依据,编制书次号码的主要目的是将同一类目内同一著者的著作集中,并以此为依据对馆藏文献进行排架。著者号与种次号相比较,著者号具有较强的规律性和一致性,便于检索使用。与图书有密切联系的著者,号码固定,容易统一,能使同一著者的多种著作及不同版本、版式、不同译本、注本、不同卷册次的书集中按一定顺序排列,方便查检。著者号有许多种,我国现有的著者号码表和号码法有:《通用汉语著者号码表》《汉语拼音五位著者号码表》《武汉大学图书馆汉语拼音著者号码表》《笔画起笔著者号码表》四角号码著者号码法、汉语拼音首字母法等等。从使用著者号的情况看,采用《通用汉语著者号码表》的馆为多,但总的来说,使用著者号为书次号的馆终究少于使用种次号的馆,主要原因是著者号有的虽取号方法简单,但重号率高,区分性不强;有的虽区分性强,但难认、难记、难读、难排检。目前我国国内影响最大的著者号码表是《通用汉语著者号码表》,被大多数图书馆所采用。

现在,很多计算机集成管理系统的编目模块都可实现种次号和著者号的自动取号。

二、辅助区分号的取号方法

辅助区分号是为了区分同种书的不同版次、不同版本类型、不同卷册次、不同制版和装订形式而设置的标识符号辅助区分号应为前置标识,一种符号表示一种含义应具有使用户(编目人员和读者)能共同识别的功能;应力求简短,容易区别。

以下文献均按照《中图法》5 版进行分类标引,其著者号均采用《通用汉语著者号码表》进行取号。以种次号为书次号的馆辅助区分号的选用亦可借鉴此方法。编目员可以根据行业的既行规定和工具书,结合各个单位的实际情况灵活使用。无论是使用种次号还是著者号,都需要确定本馆辅助区分号的使用细则,以保证本馆的一致性。

(一)译/注者区分号的取号方法

当某一文献有不同的译注本,由于其分类号与著者号均相同,所以还必须进一步区分。

《通用汉语著者号码表》规定:同一著者的不同注释本、译本用前置符号单横"－"与数字区分(第一种著作不作区分标识)。要注意,一种著作无论是原本,还是不同注释本、不同译本等,都分别算作不同的版本。不管何种版本首先入藏,都算作第一种。若注释本先入藏,而原本后入藏,则原本成为第二种。

如本馆的《红字》(霍桑著)一书,分别有胡允桓、姚乃强、侍桁等翻译的译本。胡允桓的《红字》先入藏,其分类号及著者号为:I712.44/H767,后书依入藏的先后次序,其分类索书号分别为 I712.44/H767－2、I712.44/H767－3。

《通用汉语著者号码表》的常用使用规则见附录二。

（二）卷册区分号的取号方法

卷册区分号是指对同一种书不同卷册给予的区分号。《通用汉语著者号码表》规定：同一著作的卷、册区分号，用前置符号冒号"："和卷册数序区分。如果是分卷再分册，则用圆点"．"加以区分。

如本馆收藏路遥著小说《平凡的世界》（共 3 册），其分类号与著者号为 I247.57/L767，第一册的索书号为：I247.57/L767：1，该书第二册的索书号为：I247.57/L767：2，该书第三册的索书号为：I247.57/L767：3。

（三）版本区分号的取号方法

版本区分号是指对一种书的不同版本所给予的区分号。《通用汉语著者号码表》规定：同一著作的不同版次，用等号"＝"加上数字区分。从第二种起，依次顺序编号区分（第一种版次不作标识）。如本馆已收藏《家》（巴金著，人民文学出版社）的 1954 年版，其索书号为：I246.5/B125，后又入藏该书的第二版（1962 年版），其索书号为 I246.5/B125＝2。

第五章

全国两大联合编目中心 CNMARC 著录比较

一、全国两大联合编目中心

全国图书馆联合编目中心从 1997 年成立到现在已经走过了十余年的开创与发展历程。联编中心服务体系是图书馆服务体系的一部分,它是基于国家图书馆古今中外丰富的馆藏,秉承弘扬文明、传播知识、服务社会的理念而建成的以国家图书馆、省、自治区、直辖市、区县等各级各类图书馆组成的联合编目服务体系,由此形成了金字塔式的服务网络,有效扩大了服务辐射面,最大限度地提高了文献资源的利用率。

联编中心服务体系的模式为:中心 – 分中心 – 成员馆 – 数据用户。联编中心服务对象主要是国内外图书馆、出版社、图书供应商。至 2012 年已有 1276 家成员馆,有 14 个省级分中心,2 个专业分中心。在成员馆中公共图书馆占 46%,高校图书馆占 28%,图书供应商占 11%,其他类型图书馆(室)占 15%。用户覆盖全国各省、自治区、直辖市、港澳台,海外用户有美国、英国、德国、日本、泰国、新加坡等国家和地区。近年来,联编中心用户已经开始面向基层中小图书馆、图书室、文化站发展。

而另一个联合编目中心——CALIS 即中国高等教育文献资源保障体系(China Academic Library and Information System)联机编目中心则成立于 1998 年。它是用来开发、共享和传递国内外信息资源的一个国家项目,由 1 个全国管理中心(北京大学)、4 个全国文献信息中心(文理中心、工程中心、农学中心、医学中心)、7 个地区文献信息中心以及 61 所"211 工程"立项高校图书馆共同组成的"全国中心—地区中心—高校图书馆"这样一个整体化、自动化、网络化、数据化的三级文献资源保障体系。所以,CALIS 的联合编目,实际上是联机合作编目。合作建立具有统一标准的书刊联合目录数据库,在此基础上实现联机共享编目,即任一授权成员馆对入馆新书(刊)编目上载以后,其他馆就可从网上查询并下载,从而大大减少书刊编目工作中的重复劳动,提高编目工作效率和书目数据质量,实现书目资源的共享。随着 CALIS 联机编目中心的成立,中心馆负责编目的权威老师们在《中国机读目录格式使用手册》的基础上,参照 ISBD,又结合自己的编目实践,也编制了一本手册,即《CALIS 联机合作编目手册》,凡是 CALIS 的成员馆都必须严格按照该手册中的著录规则进行 MARC 著录。

　　CALIS 是中国高等教育文献保障系统,其编目中心的数据为中国大多数高校馆所采用。国家图书馆编目中心的数据为许多公共馆及部分高校馆采用。

　　这两大联合编目中心虽然使用的都是 CNMARC 格式,但各有各的使用手册。笔者通过实际套录国图数据和进行 CALIS 的 MARC 著录发现,两者无论是在字段的选取和字段内容的具体著录上,还是在编目意识上,在对 MARC 字段及著录规则的理解上都存在着较大的差异。

二、CALIS 与国图 CNMARC 数据主要字段比较

记录头标

　　记录状态反映书目记录的维护状态,用一位字符代码表示记录处理状态,《新版中国机读目录格式使用手册》中定义了如下 5 种记录状态:

　　c = 经修改的记录;

　　d = 被删除的记录;

　　n = 新记录;

　　o = 曾发行较高层记录;

　　p = 曾发行不完整的记录或出版前记录。

　　国图启用了所有代码,而 CALIS 仅仅启用了 c、n、p3 个代码。在对代码 c 的使用上,两大编目机构在对内容的理解上存在很大的差异。CALIS 联合目录规定:通常情况下,只有对书目记录进行较大修改或更新(主要指标目改变或检索点发生了变化),5 字符位才用代码"c",主要是指对标目或检索点的修改。而国图所编《新版中国机读目录格式使用手册》的解释则为:当由于改错而变更成为一个

新记录,或者记录中有字段被删除,均为经修改的记录,用"c"标识。对于先前发行的出版前记录(如 CIP 在版编目记录),若整个记录由后来发行的记录替代,则后发行的记录要用代码"p"而不是"c"。

010 国际标准书号字段,CALIS 要求把上、下册,多卷册书集中著录在一条 MARC 记录上,而国图则要求分别著录在多条 MARC 记录上。

例:CALIS 数据:

010## $ a7 – 80086 – 157 – 3(1990/1992) $ b 精装 $ dCNY69.00

010## $ a7 – 80086 – 25 – 0(1992/1994) $ b 精装 $ dCNY89.00

010## $ a7 – 80086 – 401 – 4(1994/1996) $ b 精装 $ dCNY98.00

010## $ a7 – 80086 – 821 – 4 $ b 精装;1999 – 2000 $ dCNY128.00

010## $ a7 – 80185 – 039 – 4 $ b 精装;2001 – 2002 $ dCNY148.00

2001# $ a 新中国司法解释大全 $ Axin zhongguo si fa jie shi da quan $ f 梁国庆主编

国图数据:

记录 1:010## $ a7 – 80185 – 039 – 4 $ b 精装 $ dCNY148.00

2001# $ a 新中国司法解释大全 $ 9xin zhong guo si fa jie shi da quan $ h2001 ~ 2002 $ f 张穹主编

记录 2:010## $ a7 – 80086 – 821 – 4 $ b 精装 $ dCNY128.00

2001# $ a 新中国司法解释大全 $ 9xin zhong guo si fa jie shi da quan $ h1999 ~ 2000 $ f 张穹主编

105 编码数据字段中图表代码的使用,对于是否是图表,两家理解不同。有些书的内容使用大量的屏幕截图,比如计算机类图书,似图非图,很难辨别。在这里,国图作无图处理,选用 y;CALIS 则选用 ak,表示有图表。

例:CALIS 著录为:105## $ aak z 000yy

国图著录为:105## $ ay z 000yy

200 题名与责任说明字段,题名页有两种或两种以上文种正题名的著录。CALIS 规定:"规定信息源有两种或两种以上文种题名,应选择与图书正文文种相同的题名为正题名著录",按此规则,某些语言读物及国内出版或影印的教材,正题名应采用外文。

而国图却规定:"信息源有两种或两种以上文种题名,选择中文题名为正题名。"

例:同一种文献,CALIS 著录为:2001# $ aInvestment Analysis and Portfolio Management

国图著录为:2001# $ a 投资分析与组合管理

205 字段版本说明项,CALIS 规定,除第 1 版外,各个版次均著录于 $ a 子字段,版次一律用阿拉伯数字表示。

著录时需用"第 X 版"的形式。国图版本说明中的版次一律用单字节阿拉伯数字记入,省略"第"。

例:CALIS 著录为:205## $ a 第 2 版

国图著录为:205## $ a2 版

225 字段丛编题名的检索点形式应记入 4XX 款目连接块。国图与 CALIS 在连接字段有所差异。CALIS 一般用 410"丛编"字段进行连接,国图强调连接不同层级的单独的数据记录,要求有指向连续出版物记录的参照时,则使用 461 字段。后者更强调其层次性。

例:CALIS 著录为:2252# $ a 无机化学丛书 $ v 第三卷

410#0 $ 12001# $ a 无机化学丛书 $ v 第三卷

如果用 461"总集"字段连接,其形式如下:

国图著录为:2252# $ a 无机化学丛书 $ v 第三卷

461#0 $ 12001# $ a 无机化学丛书 $ v 第三卷

丛编连接项,CALIS 用两个 410 字段来表示总集和分集,国图则采用 461、462 字段来表示。

例:CALIS 数据:

2252# $ 身心保健丛书 $ Ashen xin bao jian cong shu $ i 心之保健系列

410#012001# $ a 身心保健丛书

410#012001# $ a 心之保健系列

国图数据:

2252# $ 身心保健丛书 $ 9shen xin bao jian cong shu $ i 心之保健系列

461#012001# $ a 身心保健丛书

462#012001#＄a 心之保健系列

个人名称主题项，CALIS 要求必须是规范的检索点形式，与 70X 字段个人名称规范形式保持一致，而国图则由＄2 系统代码，＄3 规范记录号连接。

例：CALIS 数据：

010##＄a7－5313－2340－0＄dCNY13.00

600#0＄a 胡风，＄Ahu feng＄f1902－1985＄x 生平事迹

国图数据：

010##＄a7－5313－2340－0＄dCNY13.00

600#0＄a 胡风＄f(1902~1985)＄x 生平事迹

600#0＄2CT＄3S032397＄a 胡风＄f(1902~1985)

拼音子字段，CALIS 要求生成汉语拼音的各字段用＄A，国图则要求用＄9。

例：CALIS 数据：

2001#＄a 项目管理手册＄Axiang mu guan li shouce＄e 改进过程、实现战略目标＄f(英)罗德尼·特纳著＄d＝The handbook of project－based management＄fJ. Rodney Turner＄g 任伟,石力,魏艳蕾译＄zeng

国图数据：

2001#＄项目管理手册＄9xiang mu guan li shouce？＄d＝The handbook of project－based management＄e 改进过程、实现战略目标＄f(英)罗德尼·特纳(J. rodney Turner)著＄g 任伟等译＄zeng

后　记

　　文献信息编目是图书馆基础业务工作之一。图书馆的文献信息资源依据文献语种划分可分为中文文献和外文文献,依据文献的载体形态划分可分为纸质资源和电子资源,依据文献的类型划分可分为普通图书、连续出版物等。国内图书馆文献信息编目工作数量最多的是普通中文图书。

　　本人从事文献编目工作二十年,曾参加国家图书馆举办的外文文献著录规则、中国图书馆分类法与分类主题词表标引规则应用、中国机读目录格式等多种基础业务培训,先后参加了中国高等教育文献保障体系(CALIS)举办的 CALIS 中文图书编目业务培训、CALIS 连续出版物编目业务培训、CALIS 外文书刊联机合作编目培训,拥有较扎实的编目理论基础和较丰富的实践经验。

　　本书在介绍编目理论知识的基础上,结合大量实例逐字段讲述普通中文图书的编目技巧,专题论述文献分类和主题标引,突出重点和难点,直接从江汉大学图书馆汇文系统中截取真实案例,图文并茂,将编目操作生动直观地呈现给读者,具有较强的理论性和实用性。希望能对广大从事普通中文图书编目的工作人员有所帮助。

　　本书在编写过程中,参考了许多专家学者的论著,并未能一一列出,在此谨向作者致以谢忱!

　　感谢出版社编辑老师的辛勤工作！

　　感谢江汉大学图书馆的同事,她们对本书给予了很多指导意见,并提供了大量的案例！

　　感谢我的家人给予我无限的宽容、支持和鼓励！

卢炎香　2018 年 2 月 18 日

附录一

《通用汉语著者号码表》的常用使用规则

(1) 一字著者,如果该字在表中只有一个号码,就取该号码;如果在表中有多个号码,则取分配给该字的第一个号码。例如:

芦　L798

劳　L059

(2) 二字著者,如果其第一字在表中只有一个号码,就取该号码;如果在表中有多个号码,则依其第二字首字母或整个音节决定取哪一区段的号码;如果某一区段配有不止一个号码(圈号中的数字是配给该区段的号码个数),则依据第二字的尾字母以及该区段所占的号码数,从著者复分表中单名栏查出其序号与该区段号码相加,即为其实际的著者号。当第二字没有尾字母(即该字的拼音只有一个字母)时,则以该字字母下的第一个号码定为著者号。例如:

王梅　　W273

蔡锷　　C020

(3) 三字著者,如果其第一字在表中只有一个号码,就取该号码;如果在表中有多个号码,则依其第二字首字母或整个音节决定取哪一区段的号码;如果某一区段配有不止一个号码,则依据第三字的首字母以及该区段所占的号码数,从著者复分表中双名栏查出其序号与该区段号码相加,即为其实际的著者号。例如:

卓天寅　　Z938

(4) 四字以上著者依其前三字仿照(3)取号。

例如:漳县科技局　　　　Z274

克鲁普斯卡娅　　　　K664

同济医科大学图书馆　T818

(5)一个著者有不同名称的,应依本馆选用的统一名称取号;

(6)多著者的图书,依第一著者取号;

(7)无责任者项的图书,依题名取号;

(8)外国著者依中译名取号。如译名有分歧,依首先编目入藏的著作上的译名或本馆选用的统一译名取号;没有译名的,根据译名表译成中文再取号;

(9)多卷书如无主编者,其分卷著者又不同时,依第一卷或首先编目入藏的一卷的著者取号;

(10)著者名称(主要是团体著者名称)中的外文字母一律省略,只以著者名称中的汉字作为取号的依据。阿拉伯数字、罗马数字,一律按单个数字的汉字读音取号。

例如:《X 射线手册》编写组　　　　　　　　　　　S358

R2323 研究组　　　　　　　　　　　E100

(11)机关团体著者在表中已列有专号者一律取专号,无专号者按名称前三字仿照(3)取号。

例如:上海交通大学　　　S215(有专号)

上海化工学院　　　S210(无专号)

(12)凡一机构配有不止一个专号的,以该机构所属单位(图书具体编写单位)的名称首字母为依据取号。

例如:中国科学院文献情报中心　Z589

(13)冠以地区名的机构名称,若该地区有专号并配有不止一个号码的,依地区名后的汉字作为依据取号。

例如:北京市教育局　　　B528

上海市轻工业局　　　S261

(14)中国共产党按"中共"取号,中国人民解放军按"解放军"取号;冠以"中华人民共和国"字样的机构,一律省略"中华人民共和国"字样,按其后的汉字取号。

例如:中国共产党中央委员会　　　Z542

中国人民解放军原总参谋部　　　J733

(15)表中没有给予专号的复姓著者,依其姓名前三字取号。

例如:诸葛行仁　　　　　Z905(有专号)

　　　冯陈祖怡　　　　　F439(无专号)

(16)人物传记依被传人取号。

例如:《爱因斯坦传》　　　　　书次号为 A473

　　　《李时珍传》　　　　　书次号为 L269

(17)在《中图法》类目下有书次号编号规定的,依规定取号。

例如:恩格斯:《自然辩证法》　　　　　书次号为 8300

　　　毛泽东:《实践论》　　　　　书次号为 3707

(18)著者名称首字用字如遇该表未收,依下列方法增补:(a)如该汉字在表中相应音节、声调下面有空号时,可启用空号;(b)如该汉字在表中有相应音节、声调但下面没有空号时,则将该字加入该音节、声调的最后一号,然后附加增字序号("91"、"92"……"98"等)区别;(c)如该汉字在表中没有相应音节、声调,则可将该字加入前一音节、声调的最后一号,然后附加增字序号,序号给号方法与(b)相同;(d)如果该汉字应加在所列出的音节的最前面,则可用该汉字的拼音首字母加"000"为作著者号码。例如:

啊　　　　　　　A251

揽　　　　　　　L049.91

烙　　　　　　　L073.91

擦　　　　　　　C000

(19)著者复分表使用说明

该表适用于分配有多个号码的汉字的定号。表左边的②③⑤⑩为正表中所标注的分段号(相当于该段占有的号码个数);上、下边的 0-9 数字是复分号。双名栏适用于双名著者依名字第二字的首字母取复分号,单名栏适用于单名著者依名字的尾字母取复分号。

参考文献

安晓丽、丁毅:《关于图书馆书目新标准的研究》,载《图书情报导刊》,2016 年第 8 期。

艾雾:《CALIS 联合目录中 RDA 编目的实践探讨》,载《图书馆建设》,2015 年第 6 期。

段佳慧:《RDA 与我国编目规则的标准化》,载《内蒙古科技与经济》,2017 年第 13 期。

邓福泉:《对 CALIS 使用部分 4——字段编目的合理性分析》,载《图书馆工作与研究》,2016 年第 10 期。

邓福泉:《OLCC 与 CUCC 责任说明著录差异分析》,载《图书馆杂志》,2016 年第 9 期。

邓福泉:《517 字段适用范围综述》,载《图书馆建设》,2016 年第 9 期。

邓福泉:《对 CALIS 责任说明著录规则的简要评价》,载《图书馆工作与研究》,2016 年第 1 期。

邓福泉:《RDA 与 ISBD 及〈中国文献编目规则〉在题名描述方面的差异》,载《图书馆论坛》,2017 年第 9 期。

窦畅:《基于 RDA 的中文编目规则改进研究》,郑州大学,2016 年。

ep0zm:《常用名词术语(一)》,http://blog. sina. com. cn/s/blog_48eaa11d010003 s9. html(访问时间:2018 年 2 月 16 日)。

ep0zm:《常用名词术语(二)》,http://blog. sina. com. cn/s/blog_48eaa11d010003 sa. html,(访问时间:2018 年 2 月 16 日)。

ep0zm:《常用名词术语（三）》,http://blog. sina. com. cn/s/blog_48eaa11d010003sb. html,（访问时间:2018 年 2 月 16 日）。

国家图书馆《中国文献编目规则》修订组:《中国文献编目规则》,北京图书馆出版社 2005 年版。

国家图书馆《中国图书馆分类法》编辑委员会:《中国图书馆分类法（第五版）》,国家图书馆出版社 2010 年版。

国家图书馆《中国图书馆分类法》编辑委员会:《〈中国图书馆分类法〉第五版使用手册》,国家图书馆出版社 2012 年版。

甘小红:《〈中图法〉第五版修订后的类目使用情况分析》,载《河南图书馆学刊》,2014 年第 7 期。

胡小菁、张期民、高红等:《〈资源描述与检索〉的中文化》,国家图书馆出版社 2015 年版。

胡建敏:《RDA 体系结构的阐释及在文献编目中的应用研究》,南昌大学,2015 年。

黄毕惠、杨永清:《Google 时代图书馆编目模式的嬗变》,载《图书馆工作与研究》,2010 年第 6 期。

ISBD 评估组推荐、国际图联编目组常设委员会通过:《国际标准书目著录（2011 年统一版）》,国家图书馆出版社 2012 年版。

梁红、姜化林、涂颖哲:《CALIS、美、英、澳的 RDA 政策声明比较分析》,载《大学图书馆学报》,2016 年第 1 期。

刘琨、白福春:《标准文献著录研究——兼论 CALIS 和国家图书馆著录之差异》,载《图书馆建设》,2014 年第 12 期。

潘太明、朱岩、宋华斐:《中国机读目录格式使用手册（修订版）》,科学技术文献出版社 2001 年版。

邱轶、吴文慧:《中文图书 CNMARC 格式编目疑难问题实例解析》,载《图书馆建设》,2015 年第 9 期。

司莉:《信息组织实验教程》,武汉大学出版社 2016 年版。

孙更新:《文献信息编目》,武汉大学出版社 2006 年版。

孙更新:《文献信息编目实习教程》,武汉大学出版社 2008 年版。

孙更新、张燕飞:《〈国际标准书目著录(2011 年统一版)〉的新变化——纪念 ISBD 发表 40 周年》,载《图书情报知识》,2013 年第 6 期。

孙丽娟、丁建勤:《从 MARC 字段编制变化看 RDA 编目应用——以规范记录个人属性为例》,载《河南图书馆学刊》,2015 年第 10 期。

孙秀苏:《全国两大联合编目中心 MARC 著录的对比研究》,载《图书馆学研究》,2002 年第 10 期。

孙逸玲:《从 CALIS 编目员视角看 RDA 对中文图书著录的影响》,载《高校图书馆工作》,2016 年第 3 期。

宋韵霏:《关于 CNMARC 格式中 5—字段著录实践的思考——以国家图书馆为例》,载《河南图书馆学刊》,2017 年第 7 期。

石燕青:《中文个人名称规范文档共享研究及语义化探索》,山西大学,2016 年。

吴慰慈、黄焱:《图书馆学概论》,北京图书馆出版社 2002 年版。

武婷婷、张文亮、彭媛媛:《国内外编目规则制修订之比较研究》,载《图书馆学研究》,2016 年第 15 期。

王永臣:《CALIS 与国家图书馆并列题名著录差异比较分析》,载《图书馆工作与研究》,2016 年第 7 期。

王彦侨、王广平:《中文名称规范数据的维护与整合》,载《图书馆杂志》,2017 年第 2 期。

王景侠:《书目格式的关联数据化发展及其启示:从 MARC 到 BIBFRAME》,载《图书馆杂志》,2016 年第 9 期。

王姝:《CALIS 标准下中文图书编目常见错误及疑难问题分析》,载《内蒙古科技与经济》,2014 年第 18 期。

翁畅平:《国内图书馆 RDA 应用研究》,载《河南图书馆学刊》,2016 年第 1 期。

谢琴芳:《CALIS 联机合作编目手册(上册)》,北京大学出版社 2000 年版。

俞君立、陈树年:《文献分类学》,武汉大学出版社 2001 年版。

叶忆文:《全国图书馆联合编目中心服务体系的建设和发展思考》,载《四川图书馆学报》,2013 年第 2 期。

周德明：《RDA：从理论到实践》，海洋出版社 2014 年版。

中国图书馆分类法编辑委员会：《中国图书馆分类法（第四版）》，北京图书馆出版社 1999 年版。

张秀兰、王瑀：《我国文献著录规则国际化的回顾与展望》，载《图书馆学研究》，2017 年第 24 期。

钟彬：《RDA 本地编目的易难辨析》，载《图书情报工作》，2017 年第 S1 期。

朱青青：《FRBR 化的应用现状及编目环节的应对策略》，载《图书馆杂志》，2017 年第 2 期。

赵霞：《论 CALIS 数据与国图数据 CNMARC 著录的差异》，载《大学图书情报学刊》，2011 年第 5 期。

张烨、刘利、袁曦临：《WorldCat 与 CALIS 联合目录数据库比较研究》，载《新世纪图书馆》，2015 年第 8 期。